（宋）蘇軾 撰

明成化本東坡七集

第二五冊

國家圖書館出版社

第二五册目録

東坡續集十二卷（卷第二—三）

重刊明成化本東坡七集

東坡續集卷第二

律詩

過巴東縣不泊聞頗有萊公遺跡

萊公昔未遇寂寞在巴東聞道山中樹猶餘手種松
江山養豪傑禮數困英雄執版迎官長趍塵拜下風
當年誰刺史應未識三公

白帝廟

朔風催入峽慘慘去何之共指蒼山路来朝白帝祠
荒城秋草滿古樹野藤垂浩蕩荆江遠淒涼蜀客悲
遲回問風俗涕泗閔興衰故國依然在遺民豈復知

一方稱警蹕萬乘擁旌旗遠略初吞漢雄心豈在夔
崎嶇来野廟閔默愧常時破甑蒸山麥長歌唱竹枝
荆都真壯士吴桂本經師失計雖無及圖王固已奇
猶餘帝王號皎皎在門楣

戎州

亂山圍古郡市易帶群蠻瘦嶺春耕少孤城夜漏閑
往時邊有警征馬去無還自頃方從化年来亦欵關
頗能貪漢布但未脱金鐶何足爭強弱吾民盡玉顔

見魯人孔宗翰題詩三首

屈指從来十七年交親零落亦潸然嬋娟再見中秋

月依舊清輝照客眠 右孔

壊壁題詩已五年故人風物兩依然定知来歳中秋月又照先生枕麴眠

更邀明月説明年記取孤吟孟浩然此去宦遊如傳舍揀枝鷩鵲幾時眠

奉和凝祥池

似知金馬客時夢碧雞坊氷雪消殘臘烟波寫故鄉

鳴鑾自容與立馬久徊翔乞與三韓使新圖到樂浪

時有高麗使在京每至勝境即圖畫以歸

奉和潁叔萬壽觀

道人幽夢曉初還已覺笙簫下月壇風伯前驅清宿霧祝融參乘破朝寒英姿連璧從多士妙句鏘金和八鑾已向詞臣得頗牧路人莫作老儒看

正月十四夜扈從端門觀燈三絕

淡月疎星遶建章仙風吹下御爐香侍臣鵠立通明殿一朵紅雲捧玉皇

薄雪初消野未耕賣薪買酒看昇平吾君勤儉倡優拙自是豐年有笑聲

老病行穿萬馬群九衢人散月紛紛歸來一琖殘燈在猶有傳柑遺細君上元夜登樓貴戚例有黄柑相遺侍臣謂之傳柑

獲鬼章二十韻

青唐有逋寇白首已窮妖竊據臨洮郡潛通講渚橋
廟謀周召虎邊師漢班超堅壘千兵破連航一炬燒
擒姦從窟穴奏捷上煙霄詭異人圖像驩娱路載謡
干誅非一事伐叛自先朝取道經陵寢前期告廟祧
西来閩幾日面縛見今朝二聖臨雲陛千官溢海潮
載因車轣轆失主馬蕭條橫拜如蹲犬胡裝尚衣貂
理卿辭具服譯長舌初調緩死恩殊厚求生尾屢摇
慈仁逢太母寬厚戴唐堯赤手眞擒虎和羹未賜梟
藁街虛授首東市偶全腰困獸何須殺遺雛或可招

威轂西振夏武節北通遼帝道有強弱天時或長消

羌情防報復軍勝忌矜驕慎重關西將奇功勿再要

光祿庵二首

文章恨不見文園禮樂方將訪石泉何事庵中着光

祿枉教閑處筆如椽

城中太守的何人林下先生非我身若向庵中覓光

祿雪中履迹鏡中真

過通判曹仲錫飲書懷兩絶

公退清閑如致仕酒餘歡適似還鄉不妨更有安心

病卧看縈簾一炷香

心有何求遺病安年来古井不生瀾只應戲瓦鬪童子却作泠泠一水看

過木櫪觀

石壁高千尺微蹤遠欲無飛簷如劍寺出劍門東望上寺宇彷彿可見古栢似仙都許子嘗高遁行舟悔不迂斬蛟聞猛烈提劍想崎嶇寂寞棺猶在脩崇世已愚隱居人不識化去俗爭吁洞府煙霞遠人間爪髮枯飄飄乘倒景誰復顧遺軀

和喜雨

密雲今日破郊西小雨蕭蕭未作泥且及清閑同笑

樂行看衰病費扶携花前白酒傾雲液户外青驄響

月題不用臨風苦揮淚君家自與竹林齊

觀開西湖次吴左丞韻

偉人謀議不求多事定紛紛自唯阿盡放龜魚還綠

淨肯容蕭葦障前坡一朝美事誰能絕百尺蒼岩尚

可磨天上列星當亦喜月明時下浴明波

荆州十首

遊人出三峽楚地盡平川北客隨南賈吴檣間蜀船

江侵平野斷風捲白沙旋欲問興亡意重城自古堅

南方舊戰國慘澹意猶存慷慨因劉表凄涼為屈原

廢城猶帶井古姓聚成村亦解觀形勝昇平不敢論
楚地闊無邊蒼茫萬頃連耕牛未嘗汗拔種去如捐
農事誰當勸民愚亦可憐平生事游惰那得怨凶年
朱檻城東角高王此望沙江山非一國烽火畏三巴
戰骨淪秋草危樓倚斷霞百年豪傑盡擾擾見魚鰕
沙頭煙漠漠来往厭喧卑野市分麞閙宮帆過渡遲
遊人多問卜傖叟盡攜龜日暮江天靜無人唱楚詞
太守王夫子山東老俊髦壯年聞猛烈白首見雄豪
食鴈君應厭驅車我正勞中書有安石慎勿賦離騷
殘臘多風雪荆人重歲時客心何草艸里巷自嬉嬉

爆竹驚隣鬼驅儺逐小兒故人應念我相望各天涯

江水深成窟潛魚大似犀赤鱗如琥珀老枕勝玻瓈

上客舉雕俎佳人摇翠篦登庖更作器何以免屠刲

北鴈来南國依依似旅人縱横遭折翼感惻為沾巾

平日誰能挹高飛不可馴故人持贈我三嗅若為珍

柳門京國道驅馬及春陽野火燒枯草東風動緑芒

北行連許鄧南去極衡湘楚境横天下懐王信弱王

渝州寄王道祖

曾聞五月到渝州水拍長亭砌下流唯有夢䰟長繚繞莫論唐史更綢繆舟經故國歲時改霜落寒江波

浪收歸夢不成冬夜永厭聞船上報更籌

過安樂山聞山上木葉有文如道士篆符云此山乃張道陵所寓二首

天師化去知何在玉印相傳世共珎故國子孫今尚在滿山秋葉豈能神

眞人已不死外慕墮空虛猶餘好名意滿樹寫天書

涪州得山胡 善鳴出黔中

終日鎖筠籠回頭惜翠茸誰知聲嘵嘵亦自意重重夜宿煙生浦朝鳴日上峰故巢何足戀鷹隼豈能容

巫山廟上下數十里有烏鳶無數取食於

行舟之上舟人以神之故亦不敢害

群飛来去噪行人得食無憂便可馴江上飢烏無足怪野鷹何事亦頻頻

夷陵縣歐陽永叔至喜堂

夷陵雖小邑自古控荆吴形勝今無用英雄久已無誰知有文伯遠謫自王都人去年年改堂傾歲歲扶追思猶咎吕感歎亦憐朱時朱太守為公築此堂舊種孤楠老新霜一橘枯清篇留峽洞醉墨寫邦畐三游洞有詩夷陵畐後有留題處故老問行客長官今白鬚著書多念慮許國減歡娱寄語公知否還須數倒壷

入峡

自昔懐幽賞今兹得縱探長江連楚蜀萬派瀉東南
合水来如電黔波綠似藍餘流細不數遠勢競相參
入峡初無路連山忽似龕縈迂收浩渺巇縮作淵潭
風過如呼吸雲生似吐含墜崖鳴窣窣垂蔓綠毿毿
冷翠多崖竹孤生有石楠飛泉飄亂雪恠石走驚驂
絶澗知深淺樵僮忽兩三人煙偶逢郭沙岸可乘籃
野戍荒州縣邦君古子男放衙鳴晚鼓留客薦霜柑
閩道黃精艸叢生綠玉篸盡應充食飲不見有彭聃
氣候冬猶暖星河夜半涵遺民悲昶衍孟昶從此入覲王衍亦蜀

主舊俗接魚蠶版屋漫無瓦嵓居窄似庵伐薪常冒嶮得米不盈甌歎息生何陋劬勞不自憊葉舟輕遠泝大浪固嘗諳矍鑠空相視嘔啞莫與談蠻荒安可駐幽邃信難耽獨愛孤棲鶴高超百尺嵐橫飛應自得遠颺似無貪振翮游霄漢無心顧雀鸇塵勞世方病局束我何堪盡解林泉好多為富貴酣試看飛鳥樂高遁此心甘

馬鞍石室

未應將軍聘初從季直遊絳紗生不識蒼石尚能留豈害依梁冀何須困李傒吾詩慎勿刻猿鶴為君羞

代書寄桃山居士張聖可

十日春寒不出門不知江柳已摇村稍聞決決流氷谷漸見青青沒燒痕數畝荒園留我住半餅濁酒待君温去年今日闗山路細雨梅花正斷魂

題贈田辨之琴姫

流水隨絃滑清風入指寒坐中有狂客莫近繡簾彈

六月六日以病在告獨遊湖上諸寺晚謁損之戲留一絕

示病維摩元不病在家靈運已忘家何須魏帝一丸藥且盡盧仝七椀茶是日淨慈南屏惠昭小昭慶及此凡飲已七椀

重九日以病辭府宴来謁損之啜茶清話復留小詩

湖上青山翠作堆葱葱欝欝氣佳哉笙歌叢裏抽身出雲水光中洗眼来白足赤鬚迎我笑拒霜黃菊為誰開明年桑苧煎茶處憶着衰翁首重回皎然有重九日與陸羽煎茶詩羽自稱桑苧翁

李鈐轄坐上分題戴花

二八佳人細馬馱十千美酒渭城歌簾前柳絮驚春晚頭上花枝奈老何露濕醉巾香掩冉月明歸路影婆娑綠珠吹笛何時見莫把斜紅插皂羅

同前

半雨半晴寒食夜野酴醿發暗香来分無素手簪羅
髻且折霜蕤浸玉醅

四十年前元夕與故人夜遊得此句

午夜朧朧淡月黄夢回猶有暗塵香縱横滿地霜槐
影寂寞蓮燈半在亡

戲孫公素

披扇昔年笑溫嶠握刀晚歲戰劉郎不須戚戚如馮
衍便與時時説李陽

雪後便欲與同僚尋春一病彌月雜花都

盡獨牡丹在耳劉景文左藏和順闍黎詩
見贈次韻荅之

殘花怨久病剩雨泣餘妍不見雙旌出空令九陌還開園市井皆入知君苦寂寞妙語嚼芳鮮淺紫從爭發浮紅任早蔫天葩尚青蕚國色待華顛載酒邀詩將臞儒不是仙

南康望湖亭 一本云過洞庭

八月渡長湖蕭條萬象踈一本云瀟湘景物踈秋風片帆急暮靄一本作雨一孤山許國心猶在康時術已虛術一作業岷峨家萬里投老得歸無

半山亭

登嶺勢巍巍蓮峯太華齊凭欄紅日早回首白雲低松柏月中老猿猴物外啼禪師吟絶後千古指人迷

儋耳山

突兀隘空虛他山揔不如君看道傍石盡是補天餘

建中靖國元年正月復過虔再次前韻

吾生如寄耳嶺外亦閑遊贛石三百里寒江尺五流楚山微有霰越瘴久無秋望斷横雲嶠魂飛咤雪洲曉鐘時出寺暮鼓各鳴樓歸路迷千嶂勞生閱百州不隨猿鶴化甘作賈胡留只有貂裘在猶堪買釣舟

次韻聞復上人

前身本同社宿業獨臨邊一悟鏡空老始知圓澤賢
歸心忘犢佩生術寄羊鞭不似歐陽子空留六一泉

宋復古畫瀟湘晚景圖三首

西征憶南國堂上畫瀟湘照眼雲山出浮空野水長
舊游心自省信手筆都忘會有衡陽客来看意渺茫
落落君懷抱山川自屈蟠經營初有適揮洒不應難
江市人家少煙村古木攢知君有幽意細細為尋看
咫尺殊非少陰晴自不齊徑蟠趨後崦水會赴前溪
自說非人意曾經入馬蹄他年宦遊處應話敘山西

儋州二首

小邑浮橋外青山石岸東茶槍燒後出麥浪水前空

萬户不禁酒三年真識翁結茅来此住歲晚有誰同

荔子幾時熟花頭今已繁探春先揀樹買夏欲論園

居士常携客叅軍許扣門周叅軍家多荔子明年更有味懷

抱閙諸孫一云帶諸孫

海上道人傳以神守氣訣

但向起時作還於作處收蛟龍莫放睡雷雨直須休

要會無窮火嘗觀未盡油夜深人散後惟有一燈留

曹溪夜觀傳燈錄燈花落一僧字上口占

山堂夜岑寂燈下看傳燈不覺燈花落茶毗一個僧

贈包安静先生三首

皓色生甌面堪稱雪見羞東坡調詩腹今夜睡應休

偶謁大中精藍中故人烹日注茶果不虛示故詩以記之

建茶三十斤不審味如何奉贈包居士僧房戰睡魔

昨日點日注極佳點此復云罐中餘者可示及舟中緣神耳

野菜初出珎又珎送與安静病酒人便須起来和熱

喫不消洗面裹頭巾

杭州次周燾韻遊天竺觀激水

道眼轉丹青常於寂處鳴早知雨是水不作雨般聲

過海得子由書

經過廢來久有弟忽相求門外三竿日江闊一葉秋蕭疎悲白髮漫浪散窮愁世事江聲外吾生幸且休

去歲與子野遊逍遥堂日欲沒因並西山叩羅浮道院至已二鼓矣遂宿于西堂今歲索居儋耳子野復來相見作詩贈之

往歲追歡地寒窗夢不成笑談驚半夜風雨暗長檠雞唱山林曉鐘鳴霜外聲只今那復見髣髴似三生

元祐五年十二月十二日同景文義伯聖途次元伯固仲蒙游七寶寺題竹上

結根豈殊衆脩柯獨出林孤高不可恃歲晚霜風侵

泗州過倉中劉景文老兄戲贈一絶

既聚伏波米還數魏舒籌應笑蘇夫子僥倖得湖州

戲題巫山縣用杜子美韻

巴俗深留客吴儂但憶歸直知難共語不是故相違

東縣聞銅臭江陵換裌衣丁寧巫峽雨愼莫暗朝暉

初貶英州過杞贈馬夢得

萬古他池穴歸心負雪堂殷勤竹林詠猶得比山王

荅晁以道索書

閱世眞難記如公自不忘其於書太簡正以懶相妨

大老寺竹間閣子

殘花帶葉暗新筍出林香但見竹陰綠不知汧水黄樹高傾隴鳥池浚落河魴栽種良辛苦孤僧瘦欲尫

惠州太守東堂祠故相陳文惠公堂下有公手植荔枝一株郡人謂之將軍樹今歲大熟嘗啗之餘下及吏卒其高不可致者縱猱取之

丞相祠堂下將軍大樹傍炎雲駢火實瑞露酌天漿爛紫垂先熟高紅挂遠揚分甘遍鈴下也到黑衣郎

贈何道士

安心守玄牝閉眼覓黄庭問疾来三客澆愁有半瓶
風松時落蕊病鶴不梳翎樽空我歸去山月伴君醒

和廬山上人竹軒

洞外復空中千千萬萬同勞師向竹頌清是阿誰風

歎塞来享

蠢爾氐羌國天誅亦久稽既能知面内不復議征西
斥候銷烽火邊城息鼓鼙輸忠脩貢職棄過爲黔黎
雪滿流沙静雲沉太白低巍巍二聖治盛徳古難齊

觀臺

三界無所住一臺聊自寧塵勞付白骨舜照起黄庭

殘磬風中燭孤燈雪後青須防童子戲投瓦犯清泠

吴江岸

曉色兼秋色蟬聲雜鳥聲壯懷銷鑠盡回首尚心驚

嘲子由

堆几盡埃簡攻之如蠹虫誰知聖人意不在古書中

無題

六秩行當啓區中緣更疎不貪為我寳安步當君車

故國多喬木先人有弊廬誓將閑散好不着一行書

元祐九年立春

熊白来山北猪紅削劍南春盤得青韭臘酒寄黄柑

扶風天和寺

遠望若可愛朱欄碧瓦溝聊為一駐足且慰百回頭

水落見山石塵高昏市樓臨風莫長嘯遺涕浩難收

再贈常州報恩長老

薦福老懷眞巧便淨慈兩本更尖新憑師為作鐵門限準備人間請話人

聞洮西捷報

漢家將軍一丈佛詔賜天池八尺龍露布朝馳玉關塞捷書夜到甘泉宫似聞指揮築上郡已覺談笑無西戎牧臣不見天顏喜但驚草木放皆一作春容

三萼牡丹

風雨何年別留眞向此邦至今遺恨在巧過不成雙

己未十月十五日獄中恭聞　太皇太后

不豫有赦作詩

庭栢陰陰晝掩門烏知有赦鬧黄昏漢宮自種三生福楚客還招九死魂縱有鋤犁及田畝已無面目見丘園只應　聖主如堯舜猶許先生作正言

題李景元畫

聞說神仙郭恕先醉中狂筆勢瀾翻百年寥落何人在只有華亭李景元

謝人惠雲巾方舄二首

燕尾稱呼理未便翦裁雲葉却天然無心只是青山物覆頂宜歸紫府仙轉覺周家新樣俗頭巾起後周未容陶令舊名傳鹿門佳士勤相贈黑霧玄霜合比肩皮襲美贈天隨子紗巾詩云掩歛作疑裁黑霧輕明渾似帶玄霜

胡韡短靿格麤踈古雅無如此樣殊妙手不勞盤作鳳晉永嘉中有鳳頭鞋輕身只欲化為鳧魏風褊儉堪羞葛楚客豪華可笑珠擬學梁家名觧脫武帝作解脫履便於禪坐作跏趺

儋州上元過子赴使君會

使君置酒莫相違守舍何妨獨掩扉臥看月囱蟠蟀
蜴静聞風幔落蚿蝛燈花結盡吾猶夢香篆消時汝
欲歸回首凄涼十年事傳柑歸遺滿朝衣

儋耳寄子由

燈燼不挑垂暗蕊香爐重撥尚餘薰狂風欲發鴉翻
樹缺月初升犬吠雲閉目此生新活計隨身孤影舊
知聞雷州別駕應危坐跨海清光與子分（駕一作乘子由時謫雷州別駕）

謝宋漢傑惠李承晏墨

老松燒盡結輕花妙法来從北李家翠色冷光何所

似墻東鬢髮墮寒鵶

被命南遷途中寄定武同僚

人事千頭及萬頭得時何喜失時憂只知紫綬三公貴不覺黃粱一夢遊適見恩綸臨定武忽遭分職赴英州南行若到江干側休宿潯陽舊酒樓

李委吹笛并引

元符五年十二月十九日東坡生日也置酒赤壁磯下踞高峯俯鶻巢酒酣笛聲起於江上客有郭石二生頗知音謂坡曰笛聲有新意非俗士也使人問之則進士李委聞坡生日作新曲

曰鶴南飛以獻呼之使前則青巾紫裘要笛而
已既奏新曲又快作數弄嘹然有穿雲裂石之
聲坐客皆引滿醉倒委袖出嘉紙一幅曰吾無
求於公得一絶句足矣坡笑而從之
山頭孤鶴向南飛載我南遊到九嶷下界何人也吹
笛可憐時復犯龜兹

書衮儀所蔵惠崇畫二首

兩兩孤鴻欲破群依依還似北歸人遥知朔漠多風
雪更待江南半月春
竹外桃花三兩枝春江水暖鴨先知蔞蒿滿地蘆芽

短正是河豚欲到時

次韻徐得之常與余約卜隣於江淮間將赴登州同舟至山陽以詩見送留別

別時酒盞照燈花知我歸期漸有涯去歲渡江萍似斗今年並海棗如瓜多情明月邀君共無價青山為我賒千首新詩一竿竹不應空釣漢江槎

書黃筌畫翎毛花蝶圖二首

短翎長喙喜喧卑曳練雙翔亦自奇賴有黃鸝鬪嫘好獨依蘚石立多時

綠陰青子已愁人忍見中庭燕麥新惆悵劉郎今白

首時来看卷覓餘春

次韻王定國得晉卿酒相留夜飲

短衫壓手氣橫秋更着仙人紫綺裘使我有名全是酒從他作病且忘憂詩無定律君應將醉有眞卿我可俟且倒餘樽盡今夕睡蛇已死不須鈎

偶於龍井辨才處得歙硯甚奇作小詩

羅細無文角浪平半丸犀璧浦雲泓午囪睡起人初靜時聽西風拉瑟聲

秋晚客興

草滿池塘霜送梅疎林野色近樓臺天圍故越侵雲

盡潮上孤城帶月廻客夢吟隨楓葉斷愁心低逐鴈
敧来流年又喜經重九可意黄花是處開

陳伯比和田字復次韻

曰里馮生寍屑去湖海陳侯猶肯来詩書好在家四
壁蒲柳翁然城一隈騎上下山亦踈矣翛從容出何
為哉市橋十步即塵土晚雨瀟瀟殊未回

廣陵後園題申公扇子

露葉風枝曉未勻綠陰青子淨無塵閒吟遶屋扶疏
句須信淵明是可人

山光寺回次芝上人韻

鬧裏清遊借隙光醉時眞境發天藏夢向拾得吹來句十里南風草木香

與道源游西莊遇濟道人同往草堂爲濟書此

桑麻已零落藻荇復銷沉園宅在人境歲時傷我心强穿南埭路遥望北山岑欲與道人語跨鞍聊一尋

寒食夜

漏轂透入碧囪紗人静鞦韆影半斜沉麝不燒金鴨冷淡雲籠月照梨花

荅子勉三首

君不登郎省還應上諫坡才高殊未識歲晚幸無他櫪馬羸難出鄰鷄束不歌寒爐餘幾火灰裏撥陰何驚人得佳句或以傲王公處士還清節滑稽安足雄深沉似康樂簡遠到安豐一點無俗氣相期林下風欲舞腰身柳一窠小梅摧拍大梅歌舞餘片片梨花落爭奈當塗風物何

送楊奉禮

譜牒推闗右風流出靖恭時情任險陂家法故雍容南去河千頃大水中相別餘惟酒一鍾更誰哀老子令得放疎慵

別東武流杯

莫笑官居如傳舍故應人世等浮雲百年父老知誰在唯有雙松識使君

走筆謝吕行甫惠子魚

卧沙細肋吾方厭通印長魚誰肯分好事東平貴公子貴人不與與蘇君

孔周翰嘗為仙源令中秋夜以事留於東武官舍時陳君繹右王君建中皆在郡其後十七年中秋周翰持節過郡而二君已亡感時懷舊留詩於壁又其後五年中秋

軾與客飲于超然臺聞周翰乞此郡客有
誦詩者乃次其韻二篇以為他日一笑
壞壁題詩已五年故人風物兩依然定知来歲中秋
月又照先生枕麴眠
更邀明月說明年記取孤吟孟浩然此去宦遊如傳
舍揀枝鷩鵲幾時眠
送穆越州
江海相忘十五年羨公松柏蔚蒼顔四朝耆舊氷霜
後兩郡風流水石間舊政猶傳蜀父老先聲已振越
溪山樽前俱是蓬萊守莫放高樓雲月閑

贈葛葦

竹椽茆屋半摧傾肯向蜂窠寄此生長恐千頭卷室去欲將船尾載君行小詩試擬孟東野大草閑臨張伯英消遣百年須底物故應怜我不歸耕

雨二首

越井岡頭雲出山牂牁江上水如天床床避漏幽人屋浦浦移舟蜑子船龍卷魚蝦并雨落人隨雞犬上墻眠只應樓下平堦水長記先生過嶺年

踈一作急雨瀟瀟作晚涼卧聞榕葉響長廊微明燈火耿殘夢半濕簾櫳浥舊香高浪殷床吹甕盎暗風驚

樹擺琳琅先生不出晴無用留向空堦滴夜長

杭州牡丹開時僕猶在常潤周令作詩見

寄次其韻復次一首送赴闕

羞歸應爲負花期已是成陰結子時與物寡情怜我

老遺春無恨賴君詩玉臺不見朝酣酒金縷猶歌空

折枝從此年年定相見欲師老圃問樊遲

莫負黄花九日期人生窮達可無時十年且就三都

賦萬户終輕千首詩天静傷鴻猶戢翼月明驚鵲未

安枝君看六月河無水萬斛龍驤到自遲

訪詹使君食槐芽葉一作冷淘

枇杷已熟粲金珠桑落初嘗灧玉蛆暫借垂蓮十分
盞來澆空腹五車書青浮卵盌槐芽餅紅點冰盤藿
葉魚醉飽高眠真事業此生有味在三餘

示過 并䟦

春鴻社燕巧相違白鶴峰頭玉板扉石建方欣洗牏
厠姜龐不解嘆蠨蛸一龕京口嗟春夢萬炬錢塘憶
夜歸合浦賣珠無復有當年笑我泣牛衣

戊寅上元余寓儋耳過子夜出余獨守舍作違
字韻詩令庚辰上元已再期矣家在惠州白鶴
峰下過子并婦子從余來此其婦亦篤孝惻然

憫之故和前篇有石建姜龎之句而又復悼懐

同安君季章故有牛衣之句悲君之亡而喜余

在此也書以示過看了勿復慼愴切切

焦坑寺

渺渺踈林集晚鴉孤村燈一作煙火梵王家幽人自種

千頭橘遠客来尋百結花浮石已乾霜後水焦坑聊

試雨前茶只疑歸夢西南去翠竹江村繞白沙

贈虔州慈雲寺鑒老

居士無塵堪洗沐道人有句借宣揚匈閭但見蠅鑽

紙門外唯聞佛放光徧界難蔵真薄相一絲不掛且

逢場却須重說圓通偈千眼薰籠是法王

和方南圭寄迓周文之三首

共惜相從一寸陰酒杯雖淺意殊深且同月下三人影聊豁一作莫作天涯萬里心東嶺舊一作近開松竹徑南堂初絕斧斤音知君善頌如張老猶望攜壺更一臨

數畝蓬蒿古縣陰小窓明快夜堂深也知卜築非真宅聊欲跏趺看此心聞道攜壺問奇字更宜登木助徽音一云振履出商音相娛北户江千頃直下都無地可臨

此生真欲老墻陰却掃都忘歲月深拔薤已觀賢守政摘蔬聊慰故人心風流賀監常吴語憔悴鍾儀獨

楚音治狀兩邦俱第一潁川歸去肯重臨

壺中九華詩

湖口人李正臣蓄異石九峯玲瓏宛轉若窓櫺然余欲以百金買之與仇池石為偶方南遷未暇也名之曰壺中九華且以詩識之

我家岷蜀最高峰（一作清溪電轉失雲峰）夢裏猶驚翠掃空五嶺莫愁千嶂外九華今在一壺中天池水落層層見（一作石泉水落洎洎滴）玉女窻明處處通念我仇池太孤絕百金歸買小（一作碧）玲瓏

留別登州舉人

身世相忘久自知此行閑看古黄腄自非北海孔文舉誰識東萊太史慈落筆已吞雲夢客抱寒欲訪水仙師莫嫌五日怱怱守歸去先傳樂職詩

過海

參横斗落轉（一作欲轉）三更苦雨終風也解晴雲散月明誰點綴天容海色本澄清空餘魯叟乘桴意無復（一作粗識）軒皇奏樂聲九死南荒吾不恨茲游奇絶冠平生

過嶺寄子由三首

七年來往我何堪又試曹溪一勺甘夢裏似曾遷海外醉中不覺到江南波生濯足鳴空澗霧遶征衣滴

翠嵐誰遣山雞忽驚起半岩花雨落毵毵

校章獻策謾多談能雪寃忠死亦甘一片丹心天日

下數行清淚嶺雲南光榮歸佩呈佳瑞瘴癘幽居弄

曉嵐從此西風庾梅謝却迎誰與馬毵毵

山林瘴霧老難堪歸去中原荼亦甘有命誰怜終反

北無心却笑亦巢南蠻音慣習疑傖語脾病縈纏帶

嶺嵐賴有祖師清淨水塵埃一洗落毵毵

歇白塔鋪

甘山盧阜鬱長望林隙依稀一作熹微漏日光吴國晚蠶

初斷葉占城早稻欲移秧迢迢澗水隨人急冉冉岩

花撲馬香望眼儘從窮一作飛鳥遠白雲深處是吾鄉

　　　胥天門冬酒

載酒無人過子雲年来家醞有奇芬醉鄉杳杳誰同
夢睡息齁齁得自聞口業向時猶小小眼花因酒尚
紛紛點燈更試淮南語汎蠲東風有縠紋

　　　西蜀楊耆二十年前見之甚貧今見之亦
　　貧所異於昔者蒼顏華髮耳女無美惡富
　　者妍士無賢不肖貧者鄙使其逢時遇合
　　豈減當世之士耶頃宿長安驛舍聞泣者
　　甚怨問之乃昔富而今貧者乃作一詩令

以贈楊君

孤村漸（一作微）雨逐秋涼逆旅愁人怨夜長不寐相看

唯櫪馬愁吟（一作悲歌）互荅有寒螿天寒滯穗猶横畝歲

晚空機尚倚墻勸爾一杯聊復睡人間貧富海茫茫

贈人

別後休論信息踈仙凡自古亦殊途蓬山路遠人難

到霜柏威高道轉孤舊賞未應亡楚國新詩聞已滿

皇都誰憐澤畔行吟者目斷長安貌欲枯

趙成伯家有姝麗僕忝鄉人不肯開樽徒

吟春雪謹依元韻以當一笑

綉簾朱户未曾開誰見梅花落鏡臺試問高吟三十韻俗云檢驗死秀才帶上有詩三十韻何如低唱兩三杯世傳陶穀學士買得党太尉家故妓遇雪陶取雪水烹團茶謂妓曰党家應不識此妓曰彼麄人安有此景但能於銷金暖帳下淺斟低唱喫羊羔兒酒耳陶默然媿其言

莫嫌衰鬓聊相映須得纖腰與共回知道文君隔青鎖梁園賦客敢言才聊答来句義取婦人而已罪過罪過

觀湖二首

乘槎遠引神仙客萬里清風上海濤回首不知沙界小飄衣猶覺色塵高須彌有頂低垂日兜率無根下戴鼇釋梵茫然齊刼火飛雲不覺醉陶陶

朝陽照水紅光開玉濤銀浪相徘徊山分宿霧儘寬

遠雲駕髙風馳送来昇霞影色歛殘火及物氣歛明
纖埃可怜極大不知已浮生野馬悠悠𢦙

寄髙令

滿地春風掃落花幾番曾醉長官衙詩成錦繡開胸
臆論極氷霜繞齒牙別後與誰同把酒客中無日不
思家田園知有兒孫委蚤晩扁舟到海涯

獄中寄子由二首

聖主如天萬物春小臣愚暗自忘身百年未滿先償
債十口無歸更累人是處青山可埋骨他年夜雨獨
傷神與君世世為兄弟更結人間未了因

栢臺霜氣夜淒淒風動琅璫月向低夢遶雲山心似鹿魂飛湯火命如鷄眼中犀角眞吾子身後牛衣愧老妻百歲神遊定何處桐鄉知葬浙江西獄中聞湖杭民為余作觧厄齋經月所以有此句也朱邑葬桐鄉犀角杜琮事

出獄次前韻

百日歸期恰及春殘生樂事最關身出門便旋風吹面走馬聯翩鵲啅人却對酒杯渾是夢試拈詩筆已如神此災何必深追咎竊祿從来豈有因

平生文字為吾累此去聲名不厭低塞上縱歸他日馬城中不鬭少年鷄休官彭澤貧無酒隱几維摩病

有妻堪笑睢陽老從事為余投檄向江西子由聞余下獄乞以官爵贖罪貶筠州監酒

寄子由

厭暑多因一向慵銀鉤秀句益疎通也知堆案文書滿未暇開軒硯墨中湖面新荷空照水城頭高柳謾搖風吏曹不是尊賢事誰把前言語化工

詩送交代仲達少卿

此身無用且東來賴有江山慰不才舊尹未嫌衰廢久清尊猶許再三開滿城遺愛知誰繼極目扁舟挽不回歸去青雲還記否交遊勝絕古城隈

次韻馬元賓

流落江湖萬里歸相逢自慰已差池初聞好句驚人倒悔過東庭識面遲握手盌知無賀監結交誰復許衮絲塞鴻正欲摩天去垂老追攀豈可期

第五橋

白露淒風洗瘴煙夢回相對兩淒然雀羅廷尉非當日鳩杖先生愈少年世事飽諳思縮手主恩未報恥歸田誰怜第五橋東水獨照台州老鄭虔

次韻完夫再贈之什某已卜居毗陵與完夫有廬里之約云

柳絮飛時笋籜班風流二老對開關雪芽為我求陽
羨乳水君應餉惠山竹簟水風眠晝永玉堂制草落
人間應容緩急煩閭里桑柘聊同十畝閑

和林子中待制

兩翁留滯各皤然人笑迂踈老更堅共把鵾兒（一作鶤夷）
一樽酒相逢柳色五湖天江邊遺愛啼斑白海上先
聲入管絃早晚淵明賦歸去浩歌長笑老斜川

九日袁公濟有詩次其韻

古来静治得清閑我愧真常也一班舉酒東榮挹江
海回樽落日勸湖山平生傾蓋悲歡裏早晚抽身簿

領閒笑指西南是歸路倦飛弱羽久知還

和吴安持使者迎駕

小雪跦煙雜瑞光清波寒引御溝長曈曈日色籠丹禁杳杳鞭聲出建章鵷鷺偶叨陪下列天閽聊啓望中央歸来喜氣傾新句滿座疑聞錦繡香

鹿鳴宴

連騎怱怱晝鼓喧喜君新奪錦標還金罍浮菊催開宴紅蕊將春待入關他日曾陪探禹穴白頭重見賦南山何時共樂昇平事風月笙簫　夜閑

次韻張塄棠美晝眠

炎歊五月北窓涼更覺甘如飯稻粱寧我糞墻譏敢
避孝先經笥謔兼忘憂虞心謝知時鷹安穩身同挂
角羊要識熙熙不爭競華胥別是一仙鄉

眞興寺閣禱雨

太守親從千騎禱神翁遠借一盃清雲陰黯黯將噓
遍雨意昏昏欲醞成已覺微風吹袂冷不堪殘日傍
山明今年秋熟君知否應向江南飽食粳

惠州近城數小山類蜀道春與進士許毅
野步會意處飲之且醉作詩以記適參寥
專使欲歸使持此以示西湖之上諸友庶

使知余未嘗一日忘湖山也

夕陽飛絮亂平蕪萬里春前一酒壺鐵化雙魚沉遠素劔分二嶺隔中區花曾識面香仍好鳥不知名聲自呼夢想平生消未盡滿林煙月到西湖

送蜀僧去塵

十年讀易費膏火盡日吟詩愁肺肝不觧丹青追世好欲將芹芷薦君盤誰爲善相寧嫌瘦復有知音可廢彈拄杖挂經須倍道故鄉春蕨已闌干

曾元恕遊龍山呂穆仲不至

青春不覺老朱顔強半銷磨簿領間愁客倦吟花似

酒佳人休唱日衙山共知寒食明朝過且赴僧囱半

日閒命駕吕安邀不至浴沂曾點暮方還

黄河

活活何人見混茫崑崙氣脉本来黄濁流若解污清

濟驚浪應須動太行帝假一源神禹跡世流三患梗

堯鄉靈槎果有仙家事試問青天路短長

壬寅重九不預會獨遊普門寺僧閣有懐

子由

花開酒美盍不歸来看南山冷翠微憶弟淚如雲不

散望鄉心與鴈南飛明年縱健人應老昨日追歡意

正違不問秋風強吹帽秦人不笑楚人譏

小飲公瑾舟中

青泥赤日午相烘走訪（一作扣）船窗柳影中輟我東坡
無限睡賞君南浦不貲風坐觀邸報談迂叟閑説滁
山憶醉翁我去澄江三萬頃　應明月照還空（鄧滁人也）

（是日坐中觀邸報云叟入下省）

和子由次王鞏韻如囊之句可為一噱

平生未省為人忙貧賤安閑氣味長粗免趁時頭似
葆稍能忍事腹如囊簡書見迫身今老樽酒聞呼首
一昂欲挹天河聊自洗塵埃滿面鬢眉黃

儋耳

霹靂收威莫雨開獨憑欄檻倚崔嵬垂天雌霓雲端下快意雄風海上来野老已歌豐歲語除書欲放逐臣回殘年飽飯東坡老一壑能專萬事灰

答李端叔

若人如馬亦如班笑履壺頭出玉關已入西羌度沙磧又来東海看濤山識君小異千人裏慰我長思十載間西省怜君一作隣居時邂逅相逢有味是偷閑

立春日病中邀安國仍請率禹功同来僕雖不能飲當請成伯主會某當杖策倚几

於其間觀諸公醉笑以發滯悶也

孤燈照影夜漫漫拈得花枝不忍看白髮敧簪羞彩勝黃耆煮粥薦春盤東方烹狗陽初動南陌爭牛臥作團老子從來興不淺向隅誰有滿堂歡

齋居臥病禁煙前辜負名花已一年此日使君不強喜青春風物爲誰妍青衫公子家千里白首先生杖百錢曷不相將來問病已教呼取散花天

和參寥見寄

黃樓南畔馬臺宮雲月娟娟正點空欲共幽人洗筆硯要傳流水入絲桐且隨侍者尋西谷莫學山僧老

祝融待我西湖借君去一杯湯餅潑油葱

東園

岑寂東園可散愁膠膠擾擾夢神州萬竿苦竹旌旗卷一部鳴蛙鼓吹收雨後月前天欲冷身閑心遠地偏幽杜門謝客恐生謗且作人間鵬鷃遊

次韻錢穆父以汝陰用杭越唱和韻作詩見寄

大耿疲勞已離群小馮慈孝且當門某以弟親嫌請郡玉堂不著扶犁手霜鬓偏宜畫㡽轓豪傑雖無兩王繼子直深父風流猶有二歐存叔弼并季默清詩已入新歌舞要使

邦人識雅言

奉和陳賢良

不學孫吴與六韜敢將駑馬並英豪望窮海表天還遠傾盡葵心日愈高身外浮名休瑣瑣夢中歸思已滔滔三山舊是神仙地引手東来一釣鼇

秋興三首

野鳥游魚信往還此身同寄水雲間誰家晚吹殘紅葉一夜歸心滿舊山可慰摧頽仍健食此生通脱屢酡顔年華豈是催人老雙鬢無端只自斑

故里依然一夢前相携重上釣魚船嘗陪大幙今陳

迹謬忝承明愧昔年報國無成空白首退耕何處有
名田黃雞白酒雲山約此計當時已浩然
浴鳳池邊星斗光宴餘香滿上書囊樓前夜月低韋
曲雲裏車聲出未央去國何年雙鬢雪黃花重見一
枝霜傷心無限厭厭夢長似秋宵一倍長

夜直秘閣呈王敏甫

蓬瀛宮闕隔埃氛帝樂天香似許聞瓦弄寒蟬鶯卧
月樓生晴靄鳳盤雲共誰交臂論今古只有閑心對
此君大隱本來無境界北山猿鶴謾移文

題永猕會老堂

三朝出處共雍容歲晚交情見二公乘興不辭千里
遠放懷還喜一樽同嘉謀定國垂青史盛事傳家有
素風自顧纓塵猶未濯九霄終日羨冥鴻

次韻參寥寄少游

岩棲木石已皤然交舊何人慰眼前素與晝公心印
合每思秦子意珠圓當年步月来幽谷拄杖穿雲冒
夕煙臺閣山林本無異故應文字不離禪

謝曹子方惠新茶

陳植文華斗石高景公詩句復稱豪數奇不得封龍
額禄仕何妨有馬曹囊簡久藏科斗字銛鋒新瑩鷿

鵝膏南州山水能爲助更有英辭勝廣騷

題潭州徐氏春暉亭

曈曈曉日上三竿客向東風竟倚欄穿竹鳥聲驚步武入簷花影落杯盤勿嫌步月臨玄圃冷笑乘槎向海灘勝槩直應吟不盡憑君寄與畫圖看

贈仲勉子文

雨昏南浦曾相對雪滿荆州喜再逢有子才如不羈馬知君心似後凋松閑看書册應多味老傍人門想更慵何日晴軒觀筆硯一杯相屬更從容

講武臺南有感

山城九月冒朝寒講武臺南路屈盤騶子雨中乘馬去村童煙外倚墻看鵶啼冢木秋風急鷺立漁船夜水乾花似去年堪折贈揷花人去淚闌干

題寶鷄縣斯飛閣

西南歸路遠蕭條倚檻魂飛不可招野闊牛羊同鴈鶩天長草樹接雲霄昏昏水氣浮山麓汎汎春風弄麥苗誰使愛官輕去國此生無計老漁樵

重遊終南子由以詩見寄次韻

去年新柳報春回今日殘花覆綠苔溪上有堂還獨宿誰人無事肯重來古琴彈罷風吹坐山閣醒時月

煦杯嬾不作詩君錯料舊逋應許過時陪

次韻和子由欲得驪山沉泥硯

舉世爭稱鄴瓦堅一枚不換百金頒豈知好事王夫子自採臨潼繡領山經火尚含泉脉暖吊秦應有淚痕潛封題寄去吾無用近日從戎擬學班

次韻子由彈琴

琴上遺聲久不彈琴中古意本長存苦心欲記常迷舊信指如歸自看痕應有仙人依樹聽空教瘦鶴舞風騫誰知千里溪堂夜時引驚猿撼竹軒

和晁美叔

反觀皆自直相詆競誰訣事過始堪笑夢中今了無
珎材尚空谷疲馬正長途未識造化意茫然同一爐

絶句

再次前韻 係織錦畾上四文

春機滿織回文錦粉淚揮殘露井桐人遠寄情書字
小柳絲低日晚庭空
紅牋短寫空深恨錦句新翻欲斷腸風葉落殘鷩夢
蝶戍邊回鴈寄情郎
羞雲斂慘傷春暮細縷詩成織意深頭伴枕屛山掩
恨日昏塵暗玉窓琴

和人田文五首

紅囱小泣低斂怨永夜春寒斗帳空中酒落花飛絮亂曉鶯啼破夢怱怱

同誰更倚閑窓綉落日紅扉小院深東復西流分水嶺恨無愁續斷絃琴

寒信風飄霜葉黄冷燈殘月照空床看君寄憶傳紋錦字字縈愁寫斷腸

前堂畫燭夜凝淚半夜清香荔惹衾烟鎖竹枝寒宿鳥水沉天色霽横參

娥翠歛時聞燕語淚珠彈處見鴻歸多情妾似風花

亂薄倖郎如露草晞

次韻參寥詠雪

朝来處處白氊鋪樓閣山川盡一如揔是爛銀并白玉不知奇貨有誰居

嵇紹似康

王淩謂賈充曰汝非賈梁道之子耶乃欲以國與人由此觀之梁道之忠於魏也久矣司馬景王既執淩而歸過梁道廟淩大呼曰我大魏之忠臣也及司馬景王病見淩與梁道守而殺之二人者可謂忠義之至精貫於幽明矣然梁道

之靈獨不能已其子充之姦至使首發成濟之

事此又理之不可曉者也故余嘗戲作小詩云

嵇紹似康為有子郗超叛鑒似無孫如今更恨賈梁

道不殺公閭殺子元

移合浦郭功甫見寄

君恩浩蕩似陽春合浦何如在海濱莫遊明珠弄明

月夜深無數採珠人

過太行 自過太行至聞潮陽吴子野出家共十九篇

始余赴中山連日風埃未嘗了了見太行也意

頗以為恨今將適嶺表過臨城道中天氣肅然

西山草木皆可數忽悟笑曰余南遷其必返乎此退之衡山之祥也乃作小詩

逐客何人著眼看太行千里送征鞍未應愚谷能留柳可獨衡山解識韓

惠州一絶

羅浮山下四時春盧橘楊梅次第新日啖荔枝三百顆不妨長作嶺南人

送佛面杖與羅浮長老

十方三界世尊面都在東坡掌握中送與羅浮德長老攜歸萬竅總號風

過子忽出新意以山芋作玉糝羹色香味
皆奇絕天上酥陀則不可知人間決無此
味也

香似龍涎仍釅白味如牛乳更全清莫將北海金虀
鱠輕比東坡玉糝羹

次韻功父觀余畫雪鵲有感二首

早知臭腐即神奇海北天南揔是歸九萬里風安稅
駕雲鵬今悔不卑飛

可憐倦鳥不知時空羨騎鯨得所歸玉局西南天一
角萬人沙苑看孤飛

追憶郭功父觀余舊畫雪鵲復作二韻寄之時在惠州

平生才力信瑰奇今在窮荒豈易歸正似雪林樓上畫羽翰雖好不能飛

復官北歸再次前韻

秋霜春雨不同時萬里今從海外歸已出網羅毛羽在却尋雲迹帖天飛

儋耳四絕句

舶一作北船不到米如珠醉飽蕭條半月無明日東家知祭竈隻雞斗酒定膰吾

父老爭看烏角巾應緣曾見宰官身溪邊古路三义口獨立斜陽數過人

半醒半醉問諸黎棘刺藤梢步步迷但尋牛屎覓歸路家在牛欄西復西

寂寂東坡一病翁白頭蕭散滿霜風小兒悮喜朱顔在一笑那知是酒紅

蜀僧明操思歸龍丘子書壁

更厭勞生能幾日莫將歸思擾衰年片雲會得無心否南北東西只一天

武昌酌菩薩泉送王子立

送行無酒亦無錢勸爾一杯菩薩泉何處低頭不見
我四方同此水天中

舉舊詩次今韻呈曇秀

春風何處不歸鴻非復羸羊踏舊蹤但願老師眞似
月誰家甕裏不相逢

荅海上翁

山翁不復見新詩疑是河南石壁曦海水豈容鯨飲
盡然犀何處覓瓊枝

古山亭

尚父提封海岱間南征惟到穆陵關誰知海上詩狂

客占得膠西一半山

我是膠西舊史君此山仍占與君分故應竊比山中

相時作新詩寄白雲

題懷素草帖

人人送酒不曾沽終日松間掛一壺草聖無成狂飲

㪍眞堪畫作醉僧圖

雨中明慶賞牡丹

霏霏雨露作清妍爍爍明燈照欲然明日春陰花未

老故應未忍着酥煎

與王郎夜飲井水

吳興六月水泉溫千頃荷花聚暗蚊此井獨能深一丈源龍如故亦如君

贈僧思誼

瀉湯舊得茶三昧覓句近窺詩一斑清夜漫漫困披覽搜一作攪齋腸那得許慳頑

子玉以詩見邀同刁文遊金山

君年甲子未相逢難向君前說老翁更有方瞳八十一奮衣矍鑠走山中

次韻致遠

長笑右軍稱草聖不如東野以詩鳴樂天自欲吟淮

月懷祖無勞聽角聲

次韻景文山堂聽箏三首

忽憶韓公二妙姝琵琶箏韻落空無猶勝江左狂靈運空鬬東昏百草須

馬上胡琴塞上姝鄭中丞後有人無詩成畫燭飄金燼八尺英公欲燎須

荻花楓葉憶秦姝切切么絃細欲無莫把胡琴挑醉客(西)[田]看霜戟褚公須

成伯家宴造坐無由輙欲效顰而酒已盡入夜不欲煩擾戲作小詩求數酌而已

道士令嚴難繼和僧伽帽小却空迴隔籬不喚鄰翁飲挹瓮須防吏部来道士令悦神樂中所謂離而復合者杜詩云肯與鄰翁相對飲隔籬呼取盡餘盃

成伯席上贈所出妓川人楊姐

坐来眞个好相宜深注唇兒淺畫眉須信楊家佳麗種洛川自有浴妃池

又荅氊帳

卧病經旬減帶圍清樽忘却故人期莫嫌雪裏閑氊帳作事猶来未合時

往年宿瓜步夢中得小詩錄示民師

吴塞蒹葭空碧海隋宫楊柳只金堤春風自恨無情
水吹得東風竟日西

送范德孺

漸覺東風料峭寒青蒿黄韭試春盤遥想慶州千嶂
裏暮雲衰草雪漫漫

陸蓮庵

何妨紅粉唱迎仙來伴山僧到處禪陸地生花安足
恠而今更有火中蓮

僕年三十九在潤州道上過除夜作此詩
又二十年在惠州録之以付過

寺官官小未朝衆紅日半囪春睡酣為報隣鷄莫驚
覺更容殘夢到江南
釣艇歸時菖葉雨繅車鳴處楝花風長江昔日經遊
地盡在如今夢寐中
壽陽岍下
街東街西翠幄成池南池北綠錢生幽人獨來帶殘
酒一作雨偶聽一作聞得黄鸝第一聲
戲答王都尉傳柑
侍史傳柑玉座傍人間草木盡天漿寄與維摩三十
顆不知薝蔔是餘香舉輕明重維摩猶三十枚

萬州太守高公宿約遊岑公洞而夜雨連

明戲贈二小詩

有興欲到岑公洞正怯衝泥傍險行定是岑公閟清

境春江一夜雨連明

蓬囪高枕雨如繩恰似糟床壓酒聲今日岑公不能

飲吾儕猶健可頻傾

遊中峯盃泉

石眼盃泉舉世無要知杯度是凡夫可怜狡獪維摩

老戲取江湖入鉢盂

憇寂圖

東坡雖是湖州派竹石風流各一時前世畫師今姓
李不妨還作輞川詩

送柳宜歸

折脚鐺邊煨淡粥曲枝桑下飲離盃書生不是南遷
客魑魅驚人須早田

寒具 乃捻頭出刘禹錫佳話

纖手搓来玉數尋碧油輕蘸嫩黄深夜来春睡濃於
酒壓褊佳人纏臂金

叅寥惠楊梅

新居未換一根椽只有楊梅不直錢莫共金家鬬甘

苦叅寥不是老婆禪

雨夜宿淨行院

芒鞋不踏利名場一葉輕（一作虛）舟寄渺茫林下對床

聽夜雨靜無燈火照凄涼

送惠州監押

一骰鳴（一作鴻）鷹破江雲萬葉梧桐卷露銀我自飄零

是羇旅更堪秋晚送行人

過黎君郊居

半園荒草沒佳蔬煮得占禾半是藷萬事思量都是

錯不如還叩仲尼居

贈王覿

何人生得寧馨子今夜初逢學筆郎莫怪圍碁忘爪
葛已能作賦繼靈光

太夫人以先咎生日置酒書壁一絕

壽樽餘瀝到朋簪要與郎君夜語深敢問阿婆開後
閤井中車轄任浮沉

余舊在錢塘伯固開西湖今方請越戲謂
伯固可復來開鏡湖伯固有詩因次其
韻

已分江湖送此生會稽行復得岑成鏡湖席卷八百

里坐嘯因君又得名

名伯梵行寺山茶

山茶相對阿一作本誰栽細雨無人我獨来說似與君

君不會一作見爛紅如火雪中開

奉和成伯兼戲禹功

金錢石竹道傍秋翠黛紅裙馬上謳無限小兒齊拍

手山公又作習池遊

洗兒

人皆養子望聰明我被聰明悞一生惟願孩兒愚且

魯無災無難到公卿

病後醉中

病為兀兀安身物酒作蓬蓬入腦皷堪笑錢塘十萬戶官家付與老書生

劉監倉家煎米粉作餅子余云為甚酥潘邠老家造逡巡酒余飲之莫作醋錯著水來否後數日余携家飲郊外因作小詩戲劉公求之二首

一杯連坐兩髯棊數片深紅入座飛十分瀲灧君休訴且看桃花好面皮唐詩云未有桃花面皮先作杏子眼孔

野飲花間百物無杖頭惟挂一葫蘆已傾潘子錯著

水更覓君家為甚酥

夢中絶句

楸樹高花欲揷天暖風遲日共茫然落英滿地君方

見惆悵春光又一年

元翰少卿寵惠谷簾水一罌龍團二枚仍

以新詩為貺歎味不已次韻奉和

巖垂疋練千絲落雷起雙龍萬物春此水此茶俱第

一共成三絶景中人

蔵春塢二首

退之身外無窮事子美生前有盡花更有多情君未

識不隨柳絮落人家
莫尋群玉峯頭路莫看玄都觀裏花但觧閉門留我
住主人休問是誰家
朱閣前頭露井多碧桃枝下美人過寒泉未必能如
此柰有銀床素綆何

謝都事惠米

平生忍慾今忍貧閉口逢人不少陳俸薄身輕趙都
事也能作意向詩人

擷菜

吾借王叅軍地種菜不及半畝而吾與過子終

年飽菜夜半飲醉無以解酒輙擷菜煮之味含

土膏氣飽風露雖粱肉不能及也人生須底物

而更貪耶乃作四句

秋来霜露滿東園蘆菔生兒芥有孫我與何曾同一

飽不知何苦食雞豚

別公擇

黍離不復閔宗周何暇雷塘吊一丘若問西来祖師

意竹西歌吹是揚州

絶句

春来濯濯江邊柳秋後雝雝湖上花不羡千金買歌

舞一篇珠玉是生涯

書寄韻

已將鏡鉢投諸地喜見蒼顏白髮新歷數三朝軒冕客色斅誰是獨完人

遊靈隱寺戲贈開軒李居士

推倒墻垣也不難一軒復作兩軒看若教從此成千里巧厯如今也被漫

常州太平寺薝蔔亭

六花薝蔔林前佛九節菖蒲石上仙何似東坡鐵拄杖一時驚起野狐禪

過文覺顯公房

斕斑碎玉養菖蒲一勺清泉養石盂淨几明窗書小楷便同爾雅注虫魚

惠州靈惠院壁間畫一仰面向天醉僧云是蜀僧隱巒所作題詩於其下

直視無前氣吐虹五湖三島在胸中相逢莫怪不相揖只見山僧不見公

同狀元行老學士秉道先輩遊太平寺淨土院觀牡丹中有淡黃一朶特奇為作

醉中眼纈自斕斑天雨曼陀照玉盤一朶淡黃一作官黃

徽拂掠鞓紅魏紫不須看

此君軒

雲幢煙節十洲一作七州人犀甲檀槍百萬軍鬝鬠鬖生

何足道一作數此君眞是此君君

觀子美病中作嗟嘆不足因次韻

百尺長松澗下摧知君此意為誰来霜枝半折孤根

出尚有狂風急雨催

謁敦詩先生因留一絶

凛凛人言君似雪我言凛凛雪如君時人盡怪蘇司

業不解將錢與廣文

余將赴文登過廣陵而擇老移住石塔相

送竹西亭下留詩為别

竹西失却上方老石塔還逢惠照師我亦化身東海

去姓名莫遣世人知

絶句三首

松栢蕭森溪水南道人只作兩團庵市區收罷豚魚

稅来與彌陁共一龕

此生分付一蒲團靜對蕭蕭竹數竿偶與老僧煎茗

粥自携脩綆汲清泉

天風吹月入闌干烏鵲無聲夜向闌織女明星来枕

上乃知身不在人間

呈定國

舊病應逢醫口藥新粧漸畫入時眉信知詩是窮人

近覺王郎不作詩

絶句二首

峩峩疊石立何孤賴有蕭蕭翠竹俱日暮無人鷗鳥

散空留遠水伴寒蘆

漠漠秋高露氣清新蒲倚石近溪生夜来雨後西風

急静向囱前似有聲

破琴詩後

余作破琴詩求得宋復古畫邢和璞於柳仲遠
仲遠以此本託王晉卿臨寫為短軸名為邢房
悟前生圖作詩題其上

此身何處不堪為逆旅浮雲自不知偶見一張閑故
紙便疑身是永禪師

送柳子玉至靈山

世事方艱便猛迴此心未老已先灰何時夢入真君
殿也學傳呼觀主來

次韻章子厚飛英留題

欸段曾陪馬少游而今人在鳳麟洲黃公酒肆如重

過杏白嶺天盡頭

贈江州景德長老

白足高僧解達觀安排春事備幽欄不須天女來相
試把空花眼裡看

雜詩二首

窗搖細浪魚吹沫一作日手弄黃花蝶透衣一作不覺
春風吹酒醒空教明月照人歸
昔日鬟鴉照淺眉如今婀娜綠雲垂蓬葉老守明朝
去腸斷盡廣陽蟋蟀悲

元祐癸酉八月二十七日於建陽草淨館

書贈王覿

海上東風犯雪来，臈前先折鏡湖梅。遥思禁苑青春夜，坐待宫人畫詔回。

元祐元年二月八日朝退，獨在起居院讀漢書儒林傳，感申公故事，作小詩一絶。

寂寞申公謝客時，自言已見穆王幾。綰臧下吏明堂廢，又作龍鍾病免歸。

聞捷

元豐四年十月二十二日謁王文父齊愈於江南，坐上得陳季常書，報是月四日种諤領兵深

入破簽西夏六萬餘人獲馬五千匹衆喜抃各

飲一巨觥

聞説將軍取乞誾將軍旗鼓捷如神故知無定河邉

柳得共中原雪絮春

睡起

柿葉滿庭紅顆秋薫爐沉水度春籌松風夢與故人

遇自駕飛鴻跨九州

秋思寄子由

黄葉山川知晚秋小蟲催女獻功裘老松閲世卧雲

壑挽著蒼江無萬牛

碣石庵戲贈湛庵主 相國寺僧也

保康橋上夜觀燈碣石巖前夏飲氷莫把山林笑朝市老夫手裏有烏藤

散郎亭

法花下有散郎亭老樹蒼崖如有情歡戚已隨時事去壁間只有古人名

佚灘

江邊皎皎過佚灘更上山腰看打盤百歲老兒親擊鼓城中憂患不相干

春夜

春宵一刻直千金花有清香月有陰歌管樓臺聲細細鞦韆院落夜沉沉

火星巖

火星巖下石淩辟閣上相忘止一僧莫問人間興廢事門前流水几前燈

讀開天寶遺事三首

姚宋亡來事事興一官銖重萬人輕朔方老將風流在不取西蕃石堡城

潭裡春船百倍多廣陵銅踞越溪羅三郎官爵如泥土爭唱弘農得寶歌

琵琶絃急袞梁州羯鼓敲高舞臂韝破費八姨三百
萬大唐天子要纏頭

過泗上喜見張嘉父二首

眉間氷玉照淮明筆下波瀾老欲平直得全生如許
妙不知形諜已多名

空翠娛人意自還明囱一榻共秋閑會知名利不到
處定把清觴屬此山

謝惠猫兒頭筍

長沙一日煨邊筍鸚鵡洲前人未知走送煩公助湯
餅猫兒突兀鼠穿籬

題淨因壁

瞑倚蒲團卧鉢囊半窻踈箔度微凉蕉心不展待時雨葵葉為誰傾夕陽

同景文詠蓮塘

塘上鈎簾對晚香不知斜日已侵床江妃自借淩波韈長在高荷扇影凉

睡起

食罷茶甌未要深清風一榻直千金腹摇鼻息庭花落還盡平生未足心

書望洪亭壁

河漲平来出舊洪山城都在水光中忽然歸鼇無尋

處千里禾麻一半空

子美召公擇飲偶以病不及往公擇有詩

次韻

樊素阿蠻皆已出使臣應作玉箏歌可憐病士西窗

下一夜丹田手自摩

和叅寥

芥舟只合在坳堂紙帳心期老孟光不道山人今忽

去曉猨啼處月茫茫

醉題信老方丈

鶴作精神松作筋堦庭蘭玉一時春頤君且住三千
歲長與東坡作主人

常州太平寺觀牡丹

武林千葉照觀空别後湖山幾信風自笑眼花紅綠
眩還將白首看鞓紅

竹枝詞

自過鬼門關外天命同人鮓瓮頭船北人墮淚南人
笑青嶂無梯問杜鵑

寄歐叔弼

昔莖衣冠今在否近来消息不須疑曾聞圯上逢黃

石久矣留侯不見欺

題淨因院

門外黃塵不見山箇中草木亦常閑屐聲如渡薄氷過催粥華鯨吼夜闌

絕句

紫桑春晩思依依屋角鳴鳩雨欲飛昨日已收寒食火吹花風起却添衣

和黃龍清老三首

萬山不隔中秋月一鴈能傳寄遠書深密伽陀枯戰筆眞誠相見問何如

風前散襟星宿落月下挑柳羽扇閑靜默堂中有相憶清江或造化人來

騎驢覓驢眞可笑以馬喻馬亦成癡一天月色爲誰好二老風流只自知

過土山寨

南風日日縱篙撐時喜北風將我行湯餅一杯銀線亂蔞蒿如筯玉簪橫

書辯才白雲堂壁

不辭清曉叩松扉却值支公久不歸山鳥不鳴天欲雪卷簾惟見白雲飛

琴詩

若言琴上有琴聲放在匣中何不鳴若言聲在指頭上何不於君指上聽

韓康公坐上侍兒求書扇

一一窻扉面水開更於何處覔蓬莱天香滿袂人知否曾到栴檀小殿来

驪山絕句三首

功成雖欲善持盈可嘆前王恃太平辛苦驪山山下土阿房纔廢又華清

幾變雕墻幾變灰舉烽指鹿事悠㦲上皇不念前車

戒却怨驪山是禍胎

海中方士覓三山萬古明知去不還咫尺秦陵是商

監朝元何必苦躋攀

短橋

誰能鋪白簟永日卧朱橋樹影欄邊轉波光版底摇

軒窗

東隣多白楊夜作雨聲急窗下獨無眠秋蟲見燈入

曲檻

流水照朱欄青紅亂明鑑誰見檻上人無言觀物泛

雙池

泝流入城郭亹亹渡千家不見雙池水長漂十里花

荷華

田田抗朝陽節節卧春水平鋪亂萍葉屢動報魚子

魚

湖上移魚子初生不畏人自從識鉤餌欲見更無因

牡丹

花好常患稀花多信佳否未有四十枝枝枝大如斗

桃花

爭開不待葉密綴欲無條傍沼人窺鑑驚魚水濺橋

李

不及梨英軟應慚梅蕚紅西園有千葉淡伫更纖穠

杏

開花送餘寒結子及新火關中幸無梅汝彊充鼎和

梨

霜降紅梨熟柔柯已不勝未嘗蠲夏渴長見助冬冰

棗

居人幾番老棗樹未成槎汝長才堪軸吾歸已及瓜

櫻桃

獨遶櫻桃樹酒醒喉肺乾莫除枝上露從向口中溥

石榴

風流意不盡獨自送殘芳色作裙腰染名隨酒琖狂

檡

自昔爲神樹空聞蜩鶪鳴杜公煩見輟爲爾致羊羹

槐

採擷殊未厭忽然已成陰蟬鳴看不見鶴立赴還深

松

彊致南山樹來經渭水灘生成未有意鵶鵲莫相干

檜

依依古仙子欝欝緑毛身每長須成節明年漸庇人

柳

今年手自裁問我何年去他年我復来揺落傷人思

跋姜君弼課冊姜君瓊州人已卯閏九月来從學於東坡至儋耳庚辰三月方還瓊四言

雲興天際歘若車盖凝矓未瞬瀰漫霑霸對鷩雷出火喬木糜碎般地爇空萬夫皆廢霤綆四墜一作懸日霤綆墜中見沫移晷而收野無完塊

龍山補亡并引四言

丙子九日客有言龍山之會風吹孟嘉帽落桓温使孫盛為文嘲之嘉作解嘲辭致超逸四座驚歎恨今世不見其文因戲為補之

征西天府重九令節駕言龍山宴凱群哲壺歌雅奏緩帶輕帢胡為中觴一笑粲發梗耕競秀揄柳獨脱驥騄交騖鴑蹇先蹶楚狂醉亂隕帽莫覺戎服囚首枯顱茁髮惟明將軍度量宏達容此下士顛倒冠履宰夫揚觶兕觥舉罰請歌相鼠以侑此爵

孟嘉解嘲　四言

吾聞君子蹈常履素晦明風雨不改其度平生丘壑散髮箕踞墜車天全顛沛何懼腰適忘帶足適忘屨不知有我帽復奚數流水莫繫浮雲暫寓飄然隨風非去非取我冠明月佩服寶璐不纓而結不簪而附

歌詩寧擇請歌相鼠罰此陋人俾出童羖

憶江南寄純如五首六言

楚水別來十載蜀山望斷千重畢竟擬爲傖父憑君說與吳儂

湖目也堪供眼木奴自足爲生若話三吳勝事不惟千里蓴羹

人在畫屏中住客依明月邊游未卜紫桑舊宅須乘五馬湖一作扁舟

生計曾無聚沫孤蹤謾有清風治產猶嫌范蠡携孥頗笑梁鴻

弱累已償俗盡老身將伴僧居未許季鷹高潔秋風直為鱸魚

數日前夢人示余一卷文字大略若論馬者用吃蹶兩字夢中甚賞之覺而忘其餘戲作數語足之 四言

天驥雖老舉鞭脫逸交馳議封歩中衡石旁睨駑駘豐肉滅鞠徐行方軌動輙吃蹶天資相絕未易致詰

惠崇蘆鴈 六言

惠崇煙雨蘆鴈坐我瀟湘洞庭欲買扁舟歸去故人云是丹青

東坡續集卷第二

重刊明成化本東坡七集

東坡續集卷第三

和陶詩

追和陶淵明詩引　子由作

東坡先生謫居儋耳寘家羅浮之下獨與幼子過負擔度海葺茅竹而居之日啗藷芋而華屋玉食之念不存於胸中平生無所嗜好以圖史為園囿文章為鼓吹至是亦皆罷去獨猶喜為詩精深華妙不見老人衰憊之氣是時轍亦遷海康書来告曰古之詩人有擬古之作矣未有追和古人者也追和古人則始於吾吾於詩人

無所甚好獨好淵明之詩淵明作詩不多然其詩質而實綺癯而實腴自曹劉鮑謝李杜諸人皆莫及也吾前後和其詩凡一百有九篇至其得意自謂不甚愧淵明今將集而併錄之以遺後之君子其為我志之然吾於淵明豈獨好其詩也哉如其為人實有感焉淵明臨終疏告儼等吾少而窮苦每以家弊東西游走性剛才拙與物多忤自量為已必貽俗患黽勉辭世使汝等幼而飢寒淵明此語蓋實錄也吾真有此病而不早自知半生出仕以犯世患此所以深愧

淵明欲以晚節師範其萬一也嗟乎淵明不肯為五斗米一束帶見鄉里小兒而子瞻出仕三十餘年為獄吏所折困終不能悛以陷大難乃欲以桑榆之末景自託於淵明其誰肯信之雖然子瞻之仕其出處進退猶可攷也後之君子其必有以處之矣孔子曰述而不作信而好古竊比於我老彭孟子曰曾子與子思同道區區之迹蓋未足以論士也轍少而無師子瞻既冠而學成先君命轍師焉子瞻嘗稱轍詩有古人之風自以為不若也然自其斥居東坡其學日

進沛然如川之方至其詩比李太白杜子美有餘遂與淵明比轍雖馳驟從之而常出其後其和淵明轍繼之者亦一二焉丁丑十二月海康城南東齋引

和時運

丁丑二月十四日白鶴峯新居成自嘉祐寺遷入詠淵明時運詩云斯晨斯夕言息其廬似為余發也乃次其韻長子邁與余別三年矣挈携諸孫萬里遠至老朽憂患之餘不能無欣然

我卜我居居非一朝龜不吾欺食此江郊廢井已塞

喬木干霄昔人伊何誰其裔苗下有碧潭可飲可濯

江山千里供我遐矚木固無脛瓦豈有足陶匠自至

嘯歌相樂我視此邦如洙如沂邦人勸我老矣安歸

自我幽獨倚門或揮豈無親友雲散莫追旦朝丁丁

誰欵我廬子孫遠至笑語紛如翦髮垂髫一作翦䍐垂髫覆

此瓠壺三年一夢乃復見余

和勸農

海南多荒田俗以貿香為業所產秔稌不足於

食乃以藷時諸切芋雜米作粥糜以取飽余既哀

之乃和淵明勸農詩以告其有知者

咨爾漢黎均是一民鄙夷不訓夫豈其眞怨忿刼質
尋戈相因欺謾莫訴曲自我人天禍爾土不麥不稷
民無用物怪珎是殖播厥薰木腐餘是穡貪夫汚吏
鷹鷙狼食豈無良田膴膴平陸獸蹤交締鳥喙諧穆
鶩麐朝射猛狶夜逐芋羮藷糜以飽耆宿聽我苦言
其福永久利爾鉏耜好爾鄰偶斬艾蓬藋南東其畝
父兄搢挻以扶游手天不假易亦不汝匱春無遺勤
秋有厚冀雲舉雨決婦姑畢至我良孝愛袒跣何愧
逸諺戲侮慱奕頑鄙投之生黎俾勿冠履霜降稻實
千箱一軌大作爾社一醉醇美

和停雲

自立冬以来風雨無虚日海道斷絶不得子由

書乃和淵明停雲詩以寄

停雲在空黮其將雨嗟我懷人道修且阻眷此區區

俛仰再撫良辰過鳥逝不我佇颶作海渾天水溟濛

雲屯九河雪立三江我不出門寤寐北窓念彼海康

神馳往從漂然清癯落其驕榮魄奠化之廓兮忘情

萬里遲子晨興宵征遠庯在側以寍先生對奕未終

摧然斧柯再游蘭亭默數永和夢幻去来誰多彈指

太息浮雲幾何

和歸田園居六首

三月四日游白水山佛迹巖沐浴于湯泉晞髮于懸瀑之下浩歌而歸肩輿却行以與客言不覺至水北荔枝浦上晚日葱曨竹陰蕭然時荔子纍纍如芡實矣有父老八十五指以告余曰及是可食公能携酒来游乎意欣然許之歸卧既覺聞兒子過誦淵明歸園田居詩六首乃悉次其韻始余在廣陵和淵明飲酒二十首今復為此要當盡和其詩乃已耳今書以寄妙揔大士叅寥子

環州多白水際海皆蒼山以彼無盡景寓我有限年
東家著孔丘西家著顔淵市為不二價農為不爭田
周公與管蔡恨不茅三間我飽一飯足薇蕨補食前
門生餽薪米救我廚無煙斗酒與隻雞酣歌餞華顛
禽魚豈知道我適物自閑悠悠未必爾聊樂我所然
窮猿既投林疲馬初解鞅心空飽新得境熟夢餘想
江鷗漸馴集蜑叟已還往南池綠錢生北嶺紫笋長
提壺豈解飲好語時見廣春江有佳句我醉墮渺莽
新浴覺身輕新沐感髮稀風乎懸瀑下却行詠而歸
仰觀江搖山俯見月在衣步從父老語有約吾敢違

老人八十餘不識城市娛造物偶遺漏同儕盡丘壟
平生不渡江水北有幽居手插荔枝子合抱三百株
莫言陳家紫甘冷恐不如君來坐樹下能食攜其餘
歸舍遺兒子懷抱不可虛有酒持飲我不問錢有無
坐倚朱藤杖行歌紫芝曲不逢商山翁見此野老足
願同荔枝社長作雞黍局教我同光塵月固不勝燭
霜颷散氣浸廓然似朝旭雖子云月圓不勝火郭象曰大而晴不若小而明陋
哉斯言也余為更之曰明於大者必晦於小月能燭天地而不能燭毫盧此其所以不勝火也然卒之火
勝月那勝
昔我在廣陵悵望蕪絲陌長吟飲酒詩頗獲一笑適

當時已放浪朝坐夕不夕矧今長閑人一刼展過隙
江山互隱見出沒為我役斜川追淵明東臯友王績
詩成竟何為六愽本無益

五月旦日作和戴主簿

海南無冬夏安知歲將窮時時小摇落榮瘁俯仰中
上天信色荒佳植無由豐鉏耰代肅殺有擇非霜風
手栽蘭與菊侑我清宴終擷芳眼已明飲酒腹尚冲
草去土自隤井深墻愈隆勿笑一畝園蟻垤齊衡嵩

酬劉柴桑

紅薯與紫芋遠插墻四周且放幽蘭春莫爭霜菊秋

窮冬出甕瓮盎磊落勝農疇淇上白玉延淇上出山藥一名玉延
能復過此不一飽忘故山不思馬少游

與殷晉安別和送昌化軍使張中罷官赴闕

孤生知永棄末路嗟長勤久安儋耳陋日與雕題親
海國此奇士官居我東鄰卯酒無虛日夜棊有達晨
小甕多自釀一瓢時見分仍將對床夢伴我五更春
暫聚水上萍忽散風中雲恐無再見日笑談來生因
空吟清詩送不救歸裝貧

和王撫軍座送客再送張中

胸中有佳處海瘴不能腓三年無所愧十口今同歸

汝去莫相憐我生本無依相從大塊中幾合幾分違
莫作往来相而生愛見悲悠悠含山日烱烱留清暉
懸知冬夜長不恨晨光遲夢中無與别作詩記忘遺

和荅龎參軍 三送張中

留燈坐達曉要與影晤言下帷對古人何暇復窺園
使君本學武少誦十三篇頗能口擊賊文戟亦森然
才智誰不如功名歎無緣獨来向我説憤懣當奚宣
一見勝百聞往鑾皐蘭山白衣挾三矢趂此征遼年

形贈影

天地有常運日月無閑時孰居無事中作止推行之

細察我與汝相因以成茲忽然乘物化豈與生滅期
夢時我方寐偃然無所思胡為有哀樂輒復隨漣洏
我舞汝淩亂相應不少疑還將醉時語荅我夢中辭

影荅形

丹青寫君容常恐畫師拙我依月燈出相肖兩奇絕
妍媸本在君我豈相媚悦君如火上煙火盡君乃別
我如鏡中像鏡壞我不滅雖云附陰晴了不受寒熱
無心但因物萬變豈有竭醉醒皆夢爾未用議優劣

神釋

二子本無我其初因物著豈惟老變衰念念不如故

知君非金石安足長託附莫從老君言亦莫用佛語
仙山與佛國終恐無是處甚欲隨陶翁移家酒中住
醉醒要有盡未易逃諸數平生逐兒戲處處餘作具
所至人聚觀指目生毀譽如今一弄火好惡都焚去
既無負載勞又無寇攘懼仲尼晚乃覺天下何思慮

怨詩楚調示龐主簿鄧治中

當歡有餘樂在戚亦頹然淵明得此理安處故有年
嗟我與先生所賦良奇偏人間少宜適惟有歸耘田
我昔墮軒冕毫釐眞市廛困來臥重裀憂愧自不眠
如今破茅屋一夕或三遷風雨睡不知黃葉滿枕前

盌當出怨句憀憀如孤煙但恨不早悟猶推淵明賢

九日閑居

明日重九雨甚展轉不能寐起坐索酒和淵明一篇醉熟昏然殆不能佳也

九日獨何日欣然愜平生四時靡不佳樂此古所名龍山憶孟子栗里懷淵明鮮鮮霜菊艷溜溜糟床聲閑居知令節樂事滿餘齡登高望雲海醉覺三山傾長歌振履商起舞帶索榮坎軻識天意淹留見人情但願飽秔稌年年樂秋成

和移居二首

余去歲三月自水東嘉祐寺遷居合江樓迨今一年多病寡歡頗懷水東之樂也得歸善縣後隙地數畝父老云古白鶴觀也意欣然欲居之乃和此詩

昔我初来時水東有幽宅晨與烏鵲朝暮與牛羊夕誰令遷近市日有造請役歌呼雜閭巷鼓角鳴枕席出門無所詣樂事非宿昔病瘦獨彌年束薪誰與析洄潭轉碕岸我作江郊詩今為一壥氓此地乃得之葺為無邪齋思我無所思古觀廢已久白鶴歸何時我豈丁令威千歲復還茲江山朝福地古人不吾欺

歲暮作和張常侍

十二月二十五日酒盡取米欲釀米亦竭時吳遠游陸道士客於余因讀淵明歲暮和張常侍亦以無酒為歎乃用其韻贈二子

我生有天祿玄膺流玉泉何事陶彭澤乏酒每形言
仙人與道士自養豈在繁但使荆棘除不憂梨棗愆
我年六十一頽景薄西山歲暮似有得稍覺散亡還
有如千丈松常苦弱蔓纏養我歲寒枝會有解脫年
米盡初不知但怪飢鼠遷二子眞我客不醉亦陶然

和郭主簿二首

清明日聞過誦書聲節闋美感念少時悵然追
懷先君宮師之遺意且念淮德二幼孫無以自
遣乃和淵明二篇隨意所寓無復倫次也

今日復何日高槐布初陰良辰非虛名清和盈我襟
孺子卷書坐誦詩如鼓琴却念四十年玉顏如汝今
閉戶未嘗出出為鄰里欽家世事酌古百史手自斟
當年二老人喜我作此音淮德入我夢角羈未勝簪
孺子笑問我君何念之深

雀鷇含淳音竹萌抱靜節此兩句先君少時詩失其全首誦我先君
詩肝肺為澄澈猶為鳴鶴和未作獲麟絕須因騎鯨

李追此御風列丈夫貴出世功名豈人傑家書三萬卷獨取服食訣地行即空飛何必挾日月

示周緣祖謝和游城東學舍作

聞有古學舍竊懐淵明欣攝衣造兩塾窺戶無一人邦風方杞夷廟貎猶殷因先生饌已缺弟子散莫臻忍飢坐談道嗟我亦晚聞永言百世祀未補平生勤今此復何國豈與陳蔡隣永愧虞仲翔弦歌滄海濵

和荅龎叅軍

周循州彥質在郡二年書問無虛日罷歸過惠為余留半月既別和此詩送之

我見異人且得異書挾書從人何適不娛羅浮之趾
卜我新居而非玄德三顧我廬旨酒荔蕉絕甘分珎
雖云晚接數面自親海隅一笑豈云無人無酒酤我
或乞其隣將行復止眷言孜孜苟有于中傾倒出之
奕奕千言粲焉陳詩觴行筆落了不容思丱妙侍側
兩髦丫分歌舞壽我永為歡欣曲終悽然仰視浮雲
此曲此聲何時復聞擊鼓其鏜船開鱷鳴顧我而言
雨泣載零子卿白首當還西京遼東萬里亦歸管寧
感子至意託辭西風吾生一塵寓形空中頓言謙亨
君子有終功名在子何異我躬

和連雨獨飲二首

吾謫海南盡賣酒器以供衣食獨有一荷葉盃工製美妙留以自娛乃和淵明連雨獨飲

平生我與我舉意輒相然豈止磁石鍼雖合猶有間此外一子由出處同偏僊晚景最可惜分飛海南天糾纆（纆一作）不吾欺盌　此憂患先顧影一盃酒誰謂無往還寄語海北人今日為何年醉裡有獨覺夢中無

雜言

阿堵不解醉誰歟此頹然誤入無功鄉掉臂嵇阮間飲中八仙人與我俱得僊淵明豈知道醉語忽談天

偶見此物眞遂超天地先醉醒可還酒此覺無所還
清風洗徂暑連雨催豐年床頭伯雅君此子可與言

和贈羊長史

得鄭會嘉靖老書欲於海船載書千餘卷見借
因讀淵明贈羊長史詩云愚生三季後慨然念
黃虞得知千載事上賴古人書次其韻以謝鄭君

我非皇甫謐門人如摯虞不特兩鴟酒肯借一車書
欲令海外士觀經似鴻都結髮事文史俯仰六十踰
老馬不耐放長鳴思服輿故知壓根在未免病藥俱
念君千里足歷塊猶踟躕好學眞伯業比肩可相如

此書久已熟救我今荒蕪顧慙桑榆迫豈厭詩酒娛
奏賦病未能草玄老更踈猶當距楊墨稍欲繼荆舒

和乞食

莊周昔貸粟猶欲春脫之魯公亦乞米炊煮尚不辭
淵明端乞食亦不避嗟來嗚呼天下士死生寄一杯
斗水何所直遠汲愁姜詩幸有餘薪米養此老不才
至味久不壞可為子孫貽

和胡西曹示顧賊曹

長春如稚女飄颻倚輕颸卯酒暈玉頰紅綃卷生衣
低顏香自斂含睇意頗微寧當娣黃菊未肯姒戎葵

十月初吉菊始開乃與客作重九因次韻淵明
和己酉歲九月九日

問點爾何如不與聖同憂問翁何所笑不為由與求
過子詩似翁我唱兒輒酬未知陶彭澤頗有此樂不
中流遇洑洄舍舟步曾丘有口可與飲何必逢我儔
春江渌未波人卧船自流我本無所適汎汎隨鳴鷗
謫居澹無事何異老且休雖過靖節年未失斜川游

游斜川和正月五日與兒子過出游作

瘴雨吹蠻風凋零豈容遲老人不解飲短句餘清悲
誰言此弱質閱歲觀盛衰頹然疑薄怒決眥未可揮

己酉歲九月九日一首胡廣飲菊潭水而壽然

李固傳賛云其視胡廣趙戒猶糞土也

今日我重九誰謂秋冬交黄花與我期草中實後凋

香餘白露乾色映青松高悵望南陽野古潭霏慶霄

伯始眞糞土平生夏畦勞飲此亦何益内熱中自焦

持我萬家春一酹五柳陶夕英幸可掇繼此木蘭朝

和癸卯歲始春懷古田舍二首

儋人黎子雲兄弟居城東南躬農圃之勞偶與

軍使張中同訪之居臨大池水木幽茂坐客欲

為醵錢作屋余亦欣然許之名其屋曰載酒堂

和飲酒二十首

借我三畝地結茅爲子隣鴃舌倘可學化爲黎母民
客來有美載果熟多幽欣丹荔破玉膚黃柑溢芳津
我欲致薄少鮮衣勸坐人臨池作虛堂雨急瓦聲新
茅茨破不補嗟子乃爾貧菜肥人愈瘦竈閑井常勤
池人魚兩忘返使君亦命舊恨子林塘淺
明稍積在家善城東兩家子室邇人自遠呼我釣其
休閑等一味妄想生愧靦淵明本用緬字聊取其同音字聊將自知
退居有成言垂老竟未踐何曾淵明歸屢作敵通免

用淵明始春懷古田舍韻作二首

吾飲酒至少常以把杯為樂往往頽然坐睡人見其醉而吾中了然盖莫能名其為醉為醒也在揚州時飲酒過午輙罷客去解衣盤礴終日歡不足而適有餘因和淵明飲酒二十首庶以髣髴其不可名者示舍弟子由晁無咎學士

我不如陶生世事纏綿之云何得一適亦有如生時寸田無荆棘佳處正在兹縱心與事往所遇無復疑偶得酒中趣空杯亦常持

二豪詆醉客氣湧胸中山漼然忽氷釋亦復在一言畜氣實其腹云當享長年少飲得徑醉此秘君勿傳

道喪士失己出語輙不情江左風流人醉中亦求名

淵明獨清眞談笑得此生身如受風竹掩冉衆葉驚

俯仰各有態得酒詩自成

蠢蠕食葉蟲仰空慕高飛一朝傳兩翅乃得粘網悲

啁啾厭巢雀沮澤疑可依赴水在兩殼遭閉何時歸

二蟲竟誰是一笑百念衰幸此未化間有酒君莫違

小舟眞一葉下有暗浪喧夜棹醉中發不知枕几偏

天明門前路已度千金山嗟我亦何為此道常往還

未來寍早計既往復何言

百年六十化念念竟非是是身如虛空誰受譽與毀

得酒未舉杯喪我固忘爾倒床自甘寢不擇菅與綺
項者大雪年海波飜玉英有士常痛飲飢寒見真情
床頭有敗榼孤坐時一傾未能平體粟且復澆腸鳴
脫衣畏凍酒每醉念此生
我坐華堂上不改麋鹿姿時来蜀岡頭喜見霜松枝
心知百尺底已結千歲奇煌煌淩霄花纏繞復何為
舉觴酹其根無事莫相羈
芙蓉在秋水時節自闓開清風亦何意入我芝蘭懷
一隨採折去永與江湖乖斷絲不復續斗水何足栖
不如玉井蓮結根天池泥感此每自慰吾事幸不諧

酒中有歸路了了初不迷乘流且復逝抵曲吾當廻

籃輿兀醉守路轉古城隅酒力如過雨清風消半途

前山正可數後騎且勿驅我縁在東南往寄白髪餘

遥知萬松嶺下有三畝居

民勞吏無徳歲美天有道暑雨避麥秋溫風送蚕老

三咽初有聞一溉未濡槁詔書寛積欠父老顔色好

再拜賀吾君獲此不貪寶頽然笑阮籍醉几書謝表

我夢入小學自謂總角時不記有白髪猶誦論語辭

人間本兒戲顛倒略似兹惟有醉時眞空洞了無疑

墜車終無傷莊叟不吾欺呼兒具紙筆醉語輒録之

醉中雖可樂猶是生滅境云何得此身不醉亦不醒

癡如景升牛莫保尻與領黠如東郭㕙東縛作毛頴

乃知嵇叔夜非坐虎文炳

我家小馮君天性頗純至清坐不飲酒而能容我醉

歸休要相依謝病當以次豈知山林士骯髒乃爾貴

乞身當念早過是恐少味

去鄉三十年風雨荒舊宅惟存一束書寄食無定迹

每用愧淵明尚取禾三百頎然六男子粗可傳清白

於吾豈不多何事復歎惜

嘵嘵六男子絃誦各一經復生五丈夫戢戢丁欲成

歸田了門戶與國充踐更普兒初學語玉骨開天庭
淮老如鶴雛破殼已能鳴舉酒屬千里一歡愧凡情
淮海雖故楚無復輕揚風齋廚聖賢雜無事時一中
誰言大道遠正賴三杯通使君不夕坐衙門散刀弓
何人築東臺一郡坐可得亭亭古浮圖獨立表衆惑
蕪城閱興廢雷塘幾開塞明年起華堂置酒弔亡國
無令竹西路歌吹久寂默

晁子天麒麟結交及未仕高才固難及雅志或類已
各懷伯業能共有丘明耻歌呼時就君指我醉鄉里
吳國門下客賈誼獨見紀請作鵩鳥賦我亦得坎止

行樂當及時綠髮不可恃
蓋公偶談道齊相獨遺眞頹然不事事客至先飲醇
當時劉項罷四海創痍新三杯洗戰國一斗銷彊秦
寐寥千載後陽公嗣前塵醉卧客懷中言笑徒多勤
我時閱舊史獨與三人親未暇飡脫粟苦心學平津
草書亦何用醉墨淋衣巾一揮三十幅持去聽坐人

和止酒

丁丑歲余謫海南子由亦貶雷州五月十一日
相遇於藤同行至雷六月十一日相別渡海余
時病痔呻吟子由亦終夕不寐因誦淵明詩勸

余止酒乃和元韻因以贈别庶幾眞止矣

時来與物逝路窮非我止與子各意行同落百蠻裏

蕭然兩别駕各携一稚子子室有孟光我室惟法喜

相逢山谷閒一月同卧起茫茫海南北粗亦足生理

勸我師淵明力薄且為己微痾坐杯勺止酒則瘳矣

望道雖未濟隱約見津涘從今東坡室不立杜康祀

還舊居和夢歸惠州白鶴山居作

痿人常念起夫我豈忘歸不敢夢故山恐興墳墓悲

生世本暫寓此身念念非鵞城亦何有偶拾鶴毳遺

窮魚守故沼聚沫猶相依大兒當門户時節供丁推

夢與鄰翁言憫默憐我衰往来付造物未用相招麾

和始作鎮軍參軍經曲阿

虞人非其招欲往畏簡書穆生責醴酒先見我不如
江左古弱國強臣擅天衢淵明墮詩酒遂與功名疎
我生值良時朱金義當紆天命適如此幸收廢棄餘
獨有愧此翁大名難久居不思犧牛龜兼取熊掌魚
北郊有大賚南冠解囚拘眷言羅浮下白鶴返故廬

和庚戌歲九月中於西田穫早稻

蓬頭二獠奴誰謂愿且端晨興洒掃罷飽食不自安
頗治此圃畦少資主游觀晝功不自覺夜氣乃潛還

早韭欲爭春晩菘先破寒人間無正味美好出艱難
早知農圃樂豈有非意干尚恨不持鉏未免騂我顔
此心苟未降何適不間關休去復歌去菜食何所歎

和丙辰歲八月中於下潠田舍穫

聚糞西垣下鑿泉東垣隈勞辱何時休宴安不可懷
天公豈相喜雨霽與意諧黃菘養土羔老楮生樹雞
未忍便烹煮繞觀日百迴跨海得遠信氷盤鳴玉哀
茵陳點膾縷照坐如花開一與蜑叟醉蒼顔兩摧頹
齒根日浮動自與粱肉乖食菜豈不足好一作呼兒拆

雞栖

和乙巳歲三月為建威叅軍使都經錢溪

喬木卷蒼藤浩浩崩雲積謝家堂前燕對語悲宿昔
仰看桄榔樹玄鶴舞長翮新年結荔子主人黃壤隔
溪陰宜館我稍省薪水役相如賣車騎五畝亦可易
但恐鵬鳥来此生還蕩析誰能揷籬槿護此殘竹栢

和遊城北謝氏廢園作

辛丑七月赴假還江陵夜行途中作口號

和郊行步月

缺月不蚤出長林踏青冥犬吠主人怒愧此閭里情
怪我夜不歸茜袂窺紫荆雲間與地上待我兩友生

鷩鶺再三起樹端已微明白露淨原野始覺丘陵平
暗蛩方夜績孤螢亦宵征歸来閉户坐寸田且默耕
莫赴花月期免爲詩酒縈詩人如布穀聒聒常自名

和詠二踈

二踈事漢時迹寓心已去許侯何足道寍識此高趣
可怜魏丞相免冠謝陋舉中興多名臣有道獨兩傅
世途方轂擊誰肯行此路是身如委蛻未蛻何所顧
已蛻則兩忘身後誰毀譽所以遺子孫買田豈先務
我常游東海所歷若有素神交久從君屢夢今乃悟
淵明作詩意妙想非俗慮庶幾二大夫見微而知著

和詠三良

此生太山重忽作鴻毛遺三子死一言所死良已微
賢哉晏平仲事君不以私我豈犬馬哉從君求葢帷
殺身故有道大節要不虧君為社稷死我則同其歸
顧命有治亂臣子得從違魏顆眞孝愛三良安足希
仕宦豈不榮有時纏憂悲所以靖節翁服此黔婁衣

和詠荆軻

秦如馬後牛呂氏非復嬴天欲厚其毒假手李客卿
功成志自滿積惡如陵京滅身會有時徐觀可安行
沙丘一狼狽笑落冠與纓太子不少忍顧非萬人英

魏韓裂智伯肘足本無嚴胡爲棄成謀託國此狂生
荆軻不足説田子老可驚燕趙多奇士惜𢦏亦虚名
殺父囚其母此豈容天庭亡秦只三户况我數十城
漸離雖不傷陛戟加周營至今天下人愍燕欲其成
廢書一太息可見千古情

和讀山海經十三首

陶淵明讀山海經十三首其七首皆仙語余讀
抱朴子有所感用其韻賦之

今日天始霜衆木斂以疎幽人掩窗卧明景翻空廬
開心無良友寓眼得奇書建德有遺民道遠我無車

無粮食自足豈謂穀與蔬愧此稚川翁千載與我俱
畫我與淵明可作三士圖學道雖恨晚賦詩豈不如
稚川雖獨善愛物均孔顏欲使蟪蛄流知有龜鶴年
辛勤破封執苦語劘移山博哉無窮利千載食此言
淵明雖中壽雅志仍丹丘遠矣無懷民超然邈無儔
奇文出續息豈復生死流我欲作九原異世為三游
子政信奇逸妙筭窮陰陽淮仙枕中訣養練歲月長
豈伊臭濁中爭此頃刻光安知青藜火丈人非中黄
亂離棄弱女破冢割恩憐盌知効龜息三歲號窮山
長生定可學當信仲弓言支床竟不死抱一無窮年

三山在咫尺靈藥非草木玄芝生太元黃精出長谷
仙都浩如海豈不供一浴何當從山火東縕分寸燭
蜀士李八百穴居吳山陰默坐但形語從者紛如林
其後有李寬雞鶩非同音口耳固多僞識眞要在心
黃華育甘谷靈根固深長廖井窖丹砂紅泉涌尋常
二女戲口耳（一作鼻）松膏以爲粮聞此不能寐起坐夜
未央

談道鄙俗儒遠自太史走仲尼實不死於聖亦何負
紫文出吳宮丹雀本無有遼扎廣桑君獨顯三季後
金丹不可成安期渺雲海誰謂黃門妻至道乃近在

支解竟不傳化去空餘悔金成亦安用御氣本無待
鄭君故多方玄翁所親指奇文二百篇了未出生死
素書在黃石豈敢辭跪履萬法等成壞金丹差可恃
古强本妄庸蔡誕亦弈士曼都斥仙人謁帝輕舉止
學道未有得自欺誰不爾稚川亦隘人疏錄此庸子
東坡信畸人涉世眞散材仇池有歸路羅浮豈徒來
踐蛇及茹蠱心空了無猜携手葛與陶歸哉復歸哉

和雜詩十一首

斜日照孤隙始知空有塵微風動衆竅誰信我忘身
一笑問兒子與汝定何親從我來海南幽絶無四隣

耿耿如缺月獨與長庚晨此道固應爾不當怨尤人
故山不可到飛夢隔五嶺真游有黄庭閉目寓兩景
室空無可照火滅膏自冷披衣起視夜海濶河漢永
西窗半明月散亂梧楸影良辰不可繫逝水無留騁
我苗期後枯持此一念静
眞人有妙觀俗子多妄量區區勸粒食此豈知子房
我非徒跣相終老懷未央免死縛淮陰徇功指平陽
哀哉亦可羞世路皆羊腸
相如偶一官嗤鄙蜀父老不記犢鼻時滌器混傭保
著書曾幾許渴肺灰土燥琴臺有遺魄笑我歸不早

作書遺故人皎皎我懷抱餘生幸無愧可與君平道
孟德黠老狐姦言嗾鴻豫袁孔喪亂世梟鸞各騰翥
逝者知幾人文舉獨不去天方劉漢室豈計一郗慮
昆蟲正相齧乃比藺相如我知公所坐大名難久住
細德方險徵豈有容公處既往不可悔庶為來者懼
慱大古真人老聃關尹喜獨立萬物表長生乃餘事
稚川差可近儻有接物意我頃登羅浮物色恐相值
徘徊朱明洞沙水自清駛滿把菖蒲根歎息復棄置
藍橋近得道常苦世褊迫西游王屋山不踐長安陌
爾來寧復見鳥道度太白昔與吴遠游同巖一瓢窄

潮陽隅雲海歲晚儻見客伐薪供養火看作栖鳳宅

南榮晚聞道未肯化庚桑陶頑鑄強獷柱費塵與糠

越子古成之韓生教休粮參同得靈鑰九鎖啓伯陽

鵞城見諸孫貧苦為我傷空餘焦先室不傳元化方

遺像似李白一奠臨江觴

餘齡難把玩妙解寄筆端常恐抱永歎不及丘明遷

親友復勸我放心餞華顛虛名非我有至味知誰飡

思我無所思安能觀諸緣已矣復何歎舊說易兩篇

中韓本自聖陋古不復稽巨君縱獨慾借經作巇崖

遂令青衿子珠璧人人懷鑿齒井鮭耳信謂天可彌

大道久分裂破碎日愈離我如終不言誰悟角與羈
吾琴豈得已昭氏有成虧
我昔登朐山出日觀滄涼欲濟東海縣恨無石橋梁
今茲黎母國何異于公鄉蠔浦既黏山暑路亦飛霜
所欣非自囿不怨道里長

和擬古九首

有客叩我門繫馬門前柳庭空鳥雀散門閉客立久
主人枕書卧夢我平生友忽聞剥啄聲驚散一杯酒
倒裳起謝客夢覺兩愧負坐談雜今古不荅顔愈厚
問我何處来我来無何有

酒盡君可起我歌已三終由来竹林人不數濤與戎
有酒從孟公愼勿從楊雄崎嶇頌沙麓塵埃汙西風
昔我未嘗達今者亦安窮窮達不到處我在阿堵中
客去室幽幽鵩鳥来坐隅引吭伸兩翮太息意不舒
吾生如寄耳何者為我廬去此復何之少安與汝居
夜中聞長嘯月露荒榛蕪無問亦無荅吉凶兩何如
少年好遠游蕩志隘八荒九夷為藩籬四海環我堂
盧生與若士何足期杳茫稍喜海南州自古無戰場
奇峯望黎母何異嵩與邙飛泉瀉萬仞舞鶴雙低昂
分沐未入海膏澤彌此方芋魁儻可飽無肉亦奚傷

憑洗古烈婦翁媪國于茲策勳梁武後開府隋文時

三世更險易一心無磷緇錦傘平積亂犀渠破餘疑

廟貌空復存碑板漫無辭我欲作銘誌慰此父老思

遺民不可問僂句莫余欺爆牲菌雞卜我當一訪之

銅鼓壺盧笙歌此迎送詩

沉香作庭燎甲煎紛相和豈若注微火縈煙嫋清歌

貪人無飢飽胡椒亦求多朱劉兩狂子隕隊如風花

本欲竭澤漁桼此明年何朱初平劉誼欲冠帶黎人以取水沉耳

雞窠養鶴髮及與唐人游来孫亦垂白頗識李崖州

再逢盧與丁閱世眞東流斯人今在亡未遽掩一丘

我師吴季子守節到晚周一見春秋末渺焉不可求

城南有荒池瑣細誰復採幽姿小芙蕖香色獨未改

欲爲中州信浩蕩絶雲海遥知玉井蓮落蕊不相待

攀躋及少壯已矣那容悔矣一作失

黎山有幽子形槁神獨完負薪入城市笑我儒衣冠

生不聞詩書豈知有孔顔翛然獨往来榮辱未易關

日暮鳥獸散家在孤雲端問荅了不通歎息指屢彈

似言君貴人草莽栖龍鸞遺我吉貝布海風今歲寒

和東方有一士

缾居本近危甑墜知不完夢求忘楚弓笑解適越冠

忽然反自照識我本来顏歸路在脚底簸潼失重關

屢從淵明游雲山出毫端借君無絃物寓我非指彈

豈惟舞獨鶴便可驤飛鸞還將嶺茅瘴一洗月闕寒

此東方一士正淵明也不知從之游者誰乎若了得此一段我即淵明淵明即我也

集歸去来詩十首

命駕欲何向忻忻春木榮世人無往復鄉老有逢迎

雲外流泉遠風前飛鳥輕相攜就衡宇酌酒話交情

涉世恨形役告休成老夫良欣就歸路不復向迷途

去去徑有猶一作菊行行田欲蕪情親有還往清酒引

罇壺

與世不相入膝琴聊自（一作盡）歡風光歸笑傲雲物寄游觀言話審無勸心懷良獨安東皐清有趣植杖日盤桓

世事非吾事駕言歸路尋向時迷有命今日悟無心

庭內菊歸酒囱前風入琴寓形知已老猶未倦登臨

雲岫不知遠巾車行復前僕夫尋老木童子引清泉

矯首獨傲世委心還樂天農夫告春事扶老向良田

富貴良非願鄉關歸去休携琴已尋壑載酒復經丘

翳翳景將入涓涓泉欲流農夫人不樂我獨與之游

觴酒命僮僕言歸無復留輕車尋絕壑孤棹入清流

乘化欲亦一作安命息交還絕游琴書樂三徑老矣亦何求

歸去復歸去帝鄉安可期鳥還知已倦雲出欲何之入室還携幼臨流亦賦詩春風吹獨立不是傲親知

役役倦人事来歸車載奔征夫問前路稚子候衡門入息亦詩策出游常酒樽交親書已絕雲壑自相存

寄傲疑今是求榮感昨非聊欣樽有酒不恨室無衣丘壑世情遠田園生事微柯庭還獨眄時有鳥歸飛

和貧士七首

余遷惠州一年衣食漸窘重九俯迩樽俎蕭然

乃和淵明貧士詩七首以寄許下高安宜興諸
子姪并令過同作

長庚與殘月，耿耿如相依。以我旦暮心，惜此須臾暉。
青天無今古，誰知織烏一作鳥飛。我欲作九原，獨與淵
明歸。俗子不自悼，顧憂斯人飢。堂堂誰有此，千駟良
可悲。

夷齊耻周粟，高歌誦虞軒。產祿彼何人，能致綺與園。
古來避世士，死灰或餘煙。末路益可羞，朱墨手自研。
淵明初亦仕，絃歌本誠言。不樂乃逕歸，視世羞獨賢。

誰謂淵明貧，尚有一素琴。心閑手自適，寄此無窮音。

佳辰愛重九芳菊起自尋踈巾歎虛漉壓爵笑空斟
忽餉二萬錢顏生良足欽思送酒家保勿違故人心
人皆有耳目夫子曠與婁弱毫寫萬象水鏡無停罽
閑居惜重九感此歲月周端如孔北海只有尊空憂
三子不並世高風兩無儔我後五百年清夢未易求
芙蓉雜金菊枝葉長闌干遙憐退朝人餻酒出大官
豈知江海上落英亦可飡典衣作重陽徂歲慘將寒
無衣粟（一作寒）我膚無酒顰我顏貧居真可歎二事長
相關
老詹亦白髮（惠州太守詹範字器之）相對垂霜蓬賦詩殊有味

涉世非所工杖藜山谷間狀類渤海龔半道要我飲
意與王弘同有酒我自至不須遣龐通門生與兒子
杖屨聊相從
我家六兒子流落三四州辛苦更不識今與農圃儔
買田帶脩竹築室依清流未能遣一力分汝薪水憂
坐念北歸日此勞未易酬我獨遺以安康門有前脩

和桃花源詩

世傳桃源事多過其實攷淵明所記止言先世
避秦亂来此則漁人所見似是其子孫非秦人
不死者也又云殺鷄作食豈有仙而殺者乎舊

說南陽有菊水水甘而芳民居三十餘家飲其
水皆壽或至百二三十歲蜀青城山老人村有
見五世孫者道極險遠生不識鹽醯而溪中多
枸杞根如龍蛇飲其水故壽近歲道稍通漸能
致五味而壽亦益衰桃源盖此比也歟使武陵
太守得而至焉則已化爲爭奪之場久矣嘗意
天壤之閒若此者甚衆不獨桃源余在潁州夢
至一官府人物與俗閒無異而山川清遠有足
樂者顧視堂上榜曰仇池覺而念之仇池武都
氏故地楊難當所保余何爲居之明日以問客

客有趙令時德麟者曰公何為問此此乃福地
小有洞天之附庸也杜子美盖云萬古仇池穴
潛通小有天神魚人不見福地語眞傳近接西
南境長懷十九泉何時一茅屋送老白雲邊他
日工部侍郎王欽臣仲至謂余曰吾甞奉使過
仇池有九十九泉萬山環之可以避世如桃源也
凡聖無異居清濁共此世心閑偶自見念起忽已逝
欲知眞一處要使六用廢桃源信不遠藜杖可小憩
躬耕任地力絶學抱天藝臂鷄有時鳴尻駕無可稅
苓龜亦晨吸杞狗或夜吠耘樵得甘芳齕齧謝炮製

子驥雖形隔淵明已心詣高山不難越淺水何足厲不知我仇池高舉復幾歲從来一生死近又等癡慧蒲澗安期境在廣川羅浮稚川界夢往從之游神交發吾蔽桃花滿庭下流水在戶外却笑逃秦人有畏非眞契

和歸去来兮辭

子瞻謫居昌化追和淵明歸去来兮盖以無何有之鄉為家雖在海外未嘗不歸云爾

歸去来兮吾方南遷安得歸卧江海之瀕洞吊鼓角之悽悲迹泥蟠而愈深時電往而莫追懷西南之歸

路夢良是而覺非悟此生之何常猶寒暑之異衣豈
襲裘而念葛盖得𢥞而喪徹我歸甚易匪馳匪奔俯
仰還家下　閭門藩垣雖闕堂室故存挹我天醴注
之窪樽飲月露以洗心飡朝霞而眩顏混客主以為
一俾婦姑之相安知盜竊之何有乃掊門而折關廓
圜鏡以外照納萬象而中觀治廢井以晨汲滃百泉
之夜還守靜極以自作時爵躍而鯢桓歸去来子請
終老於斯游我先人之弊廬復舍此而焉求均海南
與漠北挈往来而無憂畸人告余以一言非八卦與
九疇方飢須粮已濟無舟忽人牛之皆喪但喬木與

高丘驚六用之無成自一根之反流望故家而求息
昌中道而三休已矣乎吾生有命歸有時我初無行
亦無留駕言隨子聽所之豈以師南華而廢從安期
謂易稼之終枯遂不溉而不耔師淵明之雅放和百
篇之新詩賦歸来之清引我其後身盖無疑

和劉柴桑 續添

萬刼互起滅百年一踟躇漂流四十年今乃言卜居
且喜天壤間一席亦吾廬稍理蘭桂叢盡平狐兎墟
黄樧出舊枿紫茗抽新畬我本早衰人不謂老更劬
邦君助畚鍤鄰里通有無竹屋從低深山窻自明踈

一飽便終日高眠忘百須自笑四壁空無妻老相如

歌辭

竹枝歌 并序

竹枝歌本楚聲幽怨惻怛若有所深悲者豈亦往者之所見有足怨者歟夫傷二妃而哀屈原思懷王而憐項羽此亦楚人之意相傳而然者且其山川風俗鄙野勤苦之態固已見於前人之作與今子由之詩故特緣楚人疇昔之意為一篇九章以補其所未道者

蒼梧山高湘水深中原北望度千岑帝子南遊飄不

返惟有蒼蒼楓桂林楓葉蕭蕭桂葉碧萬里遠來超

莫及乘龍上天去無蹤草木無情空寄泣水濱擊鼓

何喧闐相將扣水求屈原屈原已死今千載滿船哀

唱似當年海濱長鯨徑千尺食人為粮安可入招君

不歸海水深海魚豈解哀忠直吁嗟忠直死無人可

惜懷王西入秦秦關已閉無歸日章華不復見車輪

君王去時簫鼓咽父老送君車軸折千里逃歸迷故

鄉南公哀痛彈長鋏三戶亡秦信不虛一朝兵起盡

讙呼當時項羽年最少提劔本是耕田夫橫行天下

竟何事棄馬烏江馬垂涕項王已死無故人首入漢

庭身委地富貴榮華豈是多至今唯有塚嵯峨故國
淒涼人事改楚鄉千古爲悲歌

山坡陁行

山坡陁兮下屬江勢崖絕兮游波所蕩如頹墻松茀
律兮百尺旁挾此鷲葛藟之上不見日兮下可依吾
曳杖兮吾僮亦吾之書隨巔余望兮水中泯頎然而
長者黃冠而羽衣幹頤坦腹盤石箕坐兮　亦有址
安不危四無人兮可忘飢仙人偓佺自言其居瑤之
圃一日一夜飛相往來不可數使其開口言兮豈惟
河漢無極驚余心默不言兮蹇昭氏之不鼓琴惰將

山河與日月長在若有人兮夢中仇池我歸路此非
小有兮噫乎何以樂此而不去昔余游於葛天兮身
非陶氏猶與偕乘渺茫良未果兮僕夫悲余焉懷聊
逍遥兮容與睎余髪兮蘭之渚余論世兮千載一人
猶並時余行詰曲兮欲知余者稀峨峨洋洋余方樂
兮譬余繫舟於水魚潛鳥舉亦不知何必每念輙得
應余若響坐有如此兮人子期

鳴泉思思君子也君子抱道且殆而時始
弗與民咸思之鳴泉故基堙圮殆盡眉山
蘇公搔首踟躕作鳴泉思以思之

鳴泉鳴泉經雲而潺湲振其毛骨者脩竹蒸爲雲氣
者霏煙山蘡莫能隱其性野翟詎敢蔵其姸茅蘆蕭
蕭昔有人焉其髙如山其淸如水其心金與玉其道
砥與絃執德没世落月入地英名皎然陽曦麗天舊
隱寐寂新篁娟娟思彼君子我心若懸谷鳥在上巖
花炫前鳴泉鳴泉能使我宛結而華顚

轆轤歌

新繫青絲百尺繩心在君家轆轤上我心皎潔君不
知轆轤一轉一惆悵何處春風吹曉幕江南綠水通
珠閣美人二八顏如花泣向花前畏花落臨春風聽

春鳥別時多見時少愁人一夜不得眠瑶井玉繩相對曉

美扎一首送韋城主簿歐陽君

美扎水洋洋乎我懷先生送之子于城隅洋洋乎美扎水送之子至于新渡念彼嵩雒眷焉西顧之子于邁至於白馬白馬舊邦其構惟新邦人流涕晝舫之孫相其口髯尚克似之先生遺民之子往字

辨道歌

北方正氣名祛邪東郊西應歸中華離南為室坎為家先凝白雪生黄芽黄河流駕紫河車水精池産紅

蓮花赤龍騰霄鶩盤蛇姹女含笑嬰兒呀十二樓瞰
靈泉霆華池玉液陰交加子馳午前無停差三田聚
寶眞生涯龜精鳳髓塡谿谺天地駭有鬼神嗟一丹
休別内外砂長脩久餌須廾遐腸中澄結無餘柤俗
骨變換顔如葩哀𢦏世人爭齒牙指僞為眞正為哇
輕肥甘美形驕奢譎詭詐妄言矜誇遊魚在網兎在
罝一氣頓盡猶嘔啞餘生所託誠棲槎九原枯髀如
亂麻胡不割衆如鏌鋣空與利名交掌拏胡不讓霜
如文騧可惜貪愛相漫塗眞心道意非不嘉滄金關
話非虛譁何須横議相疵瘕衆口並發鳴群鴉安知

聚散同魚蝦自纏如繭居如蝸日懷嗔喜甘籠篏其
去死地猶獵猳吾恨爾見有所遮海波或至鷀井蛙
烏輪即晚蟾影斜吾時俱覩超雲霞

與葉淳老侯敦夫張秉道同相視新河秉
道有詩次韻二首

君不見元帥府前羅萬戟濤頭未順千弩射至今鳳
凰山下路長借一箭開兩翼我鑿西湖還舊觀一眼
已盡西南碧又將田奪浮山險千艘夜下無南北坐
陳三策本人謀惟留一諾待我畫老病思歸直暫寓
功名如幻終何得從来自笑畫蛇足此事何殊食雞

肋憐君嗜好更迂闊得我新詩喜折屐江湖粗了我
徑歸餘事後来當潤色一庵閑掛洞霄宫井有丹砂
水長赤
荆溪父老愁三害下斬長蛟本無賴平生倔強韓退
之識字猶為鰐魚戒石門之役萬金耳首鼠不為吾
已臨江湖開塞古有數兩鵲飛来告成壞勸農使者
非常人一言已破黎民駭上饒使君更超逸坐睨浮
山如累塊髯張乃我結襪生詩酒淋漓出狂怪我作
水衡生作丞他日歸朝同此拜
陳守道

一氣混淪生復生有形有心即有情共見利欲飲食
事各有爪牙頭角爭爭時怒發霹靂火險處直在嵌
巖坑人偽相加有餘怨天真喪盡無純誠徒自取先
用極力誰知所得皆空名少微處士松栢寒蓬萊真
人冰玉清山是心兮海為腹陽為神兮陰為精渴飲
靈泉水飢食玉樹枝白虎化坎青龍離鎖禁姹女關
嬰兒樓臺十二紅玻璃金公木母相東西純鉛真汞
星光輝烏卅兎降無年期停頹卻老只如此哀哉世
人迷不迷

老人行

有一老翁老無齒處處無人問年紀白髮如絲向下
垂一雙眸子碧如水不裹頭又無履相識雖多少知
已問翁畢竟何所止笑言只在紅塵裏秋風獵獵行
雲飛老人此意無人會目注雲歸心自知黃口小兒
莫相笑老人舊日曾年少浪迹常如不繫舟地角天
涯知自跳亦曾樂半夜傳籌醉朱閣美人如花弄絃
索只恨樽前明月落亦曾憂羇旅他鄉迫暮秋故國
日邊無信息斷鴻空逐水長流或安貧或安富或爵
通侯封萬戶一任秋霜換鬢毛本来面目長如故水
有蘋兮山有芝人意雖存事已非有時却憶經遊處

都似茫茫春夢歸迯来尤解安貧賤不為公卿強陪

面皎如明月在秋潭動着依前還不見還不見可柰

何空使遠人增眷戀但秖從他隨物轉青樓黃閣長

相見若相見莫慇懃却是翁家舊主人

襄陽樂府三篇

野鷹来

野鷹来萬山下荒山無食鷹苦飢飛来為爾繫綵絲

北原有兎老且白年年養子秋食菽我欲擊之不可

得年深兎老鷹力弱野鷹来城東有臺高崔嵬臺中

公子着皮袖東望萬里心悠哉鷹何在嗟爾公子歸

無勞使鷹可呼亦凡曹天陰月黑狐夜嘷

上堵吟

臺上有客吟秋風悲歒蕭散飄入宫臺邊游女来竊聽欲學歒同意不同君悲竟何事千里金城兩稚子白馬為塞鳳為關山川無人空且閑我悲亦何苦江永冬更深鯿魚冷難捕悠悠江上聽歌人不知我意徒悲辛

襄陽樂

使君未来襄陽愁提戈入市裹氈裘自從氈裘南渡沔襄陽無事多春遊襄陽春遊樂何許峴山之陽漢

江浦使君朱旆来翩翩人道使君似羊杜道邊逢人問洛陽中原苦戰春田荒北人聞道襄陽樂目送飛鴻應斷腸

仙都山鹿

老泉詩序云至豐都縣將遊仙都觀見知縣李長官云固知君之將至也此山有鹿甚老而猛獸獵人終莫能害將有客来遊鹿輙夜鳴故常以此候之而未嘗失余聞而異之乃為作詩東坡同賦

日月何促促塵世苦局束仙子去無蹤故山遺白鹿仙人已去鹿無家孤棲悵望層城霞至今聞有遊洞

客夜来江市叫平沙長松千樹風蕭瑟仙宫去人無

咫尺夜鳴白㢈安在扎滿山秋草無行迹

白鶴吟留鍾山覺海

白鶴觳可怜紅鶴觳可惡白鶴招不来紅鸖揮不去

長松受穢死乃以紅鶴故北山道人曰美者自美吾

何為而喜惡者自惡吾何為而怒去自去耳吾何馭

而追来自来耳吾何妨而拒吾豈厭喧而求静吾豈

好丹而非素汝謂松死吾無依焉吾方捨陰而坐露

虛飄飄三首

虛飄飄畫簷蛛結網銀漢鵲成橋壓墳雨桐葉霜飛

風柳條露凝殘點見紅日星曳餘光横碧霄虚飄飄
比浮名利猶堅牢
虚飄飄花飛不到地虹起謾成橋入夢雲千疊游空
絲萬條蜃樓百尺横蒼海鴈字一行書絳霄虚飄飄
比人身世猶堅牢
虚飄飄風寒吹絮浪春水暖冰橋勢緩霾垂線轂乾
葉下條雨中漚點隨流水風裹綵雲横碧霄虚飄飄
比時富貴猶堅牢

次韻張甥棠美述志 名宗奭

仲子甘心織屨避萬鍾淵明不肯折腰爲五斗一年

鴻鴈識来往終日沐猴誰去取知鍚詩意慕兩君讀
書要在存心久平生所談性命與長棄不憂金石朽
我今已習鶩子定猶復晨朝怖頭走刳心先擬射轂
名不作羊鄒悲峴首雲梯雨矢集無方我已中灰同
墨守恐鍚自是禹門鱗未可潛逃入吾藪琢磨晚覺
孟光賢畏我故言時被肘鍚能鉏我青門爪正午時
来休老手

賦

老饕賦

庖丁鼓刀易牙烹熬水欲新而釜欲潔火惡陳江右久不

改火火色皆青而薪惡勞九蒸暴而日燥百上下而湯麤嘗
項上之一臠嚼霜前之兩螯爛櫻珠之煎蜜瀹杏酪
之蒸羔蛤半熟而含酒蟹微生而帶糟蓋聚物之夭
美以養吾之老饕婉彼姬姜顏如李桃彈湘妃之玉
瑟鼓帝子之雲璈命仙人之萼綠華舞古曲之鬱輪
袍引南海之玻黎酌涼州之蒲萄願先生之耆壽分
餘瀝於兩髦候紅潮於玉頰驚煖響於檀槽忽纍珠
之妙唱抽獨繭之長繰閔手倦而少休疑吻燥而當
膏倒一缸之雪乳列百梔之瓊艘各眼灔於秋水咸
骨醉於春醪美人告去已而雲散先生方兀然而禪

迸響松風於蟹眼浮雪花於兎毫先生一笑而起渺海闊而天高

菜羹賦并序

東坡先生卜居南山之下服食器用稱家之有無水陸之味貧不能致煮蔓菁蘆菔苦薺而食之其法不用醯醬而有自然之味盖易而可常享乃為之賦辭曰

嗟余生之褊迫如脫兎其何因殷詩腸之轉雷聊禦餓而食陳無芻豢以適口荷鄰蔬之見分汲幽泉以揉濯摶露葉與瓊根爨鉶錡以膏油泫融液而流津

逵湯濛如松風技椽豆而諧勻覆陶甄之穹崇罷攬
觸之煩勤屏醯醬之厚味却梆桂之芳辛水耗初而
釜治火增壯而力均瀹嘈雜而廉清信淨美而甘分
登盤盂而薦之具匕筴而晨飡助生肥於玉池與五
鼎其齊珎鄙易牙之效技超傅說而策勲沮彭尸之
爽惑調竈鬼之嫌嗔嗟丘嫂其自隘陋樂羊而匪人
先生心平而氣和故雖老而體胖忘口腹之為累似
不殺而成仁竊比予於誰歟葛天氏之遺民

颶風賦

南越志熙安間多颶風颶者具四方之風也常

以五六月發未至時雞犬為之不鳴又嶺表録
云夏秋間有暈如虹者謂之颶母必有颶風
仲秋之夕客有叩門指雲物而告予曰海氛甚惡非
祲非祥斷霓飲海而北指赤雲夾日而南翔此颶之
漸也子盍備之語未卒庭戶肅然槁葉蔌蔌驚鳥疾
呼怖獸辟易忽野馬之決驟矯退飛之六鷁襲土囊
而暴怒掠衆竅之叱吸予乃入室而坐斂衽變色客
曰未也此颶之先驅爾少焉排戶破牖殞瓦擗屋礧
擊巨石揉拔喬木勢翻渤澥響振坤軸疑屏翳之赫
怒執陽侯而將戮鼓千尺之清瀾翻百仞之陵谷吞

泥沙於一卷落崩崖於再觸列萬馬而並鶩潰千車
而爭逐虎豹讋駭鯨鯢犇蹙類鉅鹿之戰殷轂呼之
動地似昆陽之役舉百萬於一覆予亦為之股慄毛
聳索氣側足夜掛榻而九徙晝命龜而三卜盖三日
而後息也父老来喑酒漿羅列勞来僮僕懼定而説
理草木之既偃輯軒檻之已折補茅屋之罅漏塞墻
垣之隤缺已而山林寂然海波不興動者自止鳴者
自停湛天宇之蒼蒼流孤月之熒熒忽悟且嘆莫知
所營嗚呼小大出於相形憂喜因於相遇昔之飄然
者若為巨耶吹萬不同果足怖耶蟻之緣也吹則墜

蚋之集也呵則舉夫嘘呵曾不能以振物而施之二
虽則甚懼鵬水擊而三千摶扶揺而九萬彼視吾之
惴慄亦爾汝之相莞均大塊之噫氣奚巨細之足辯
陋耳目之不廣爲外物之所變且夫萬象起滅衆怯
耀眩求髣髴於過耳視空中之飛電則向之所謂可
懼者實耶虛耶惜吾知之晩也

思子臺賦

予先君宫師之友史君諱經臣字彦輔眉山人
與其弟沆子凝皆奇士博學能文慕李文饒之
爲人而舉其議論彦輔舉賢良不中第子凝以

進士得官止著作佐郎皆早死且無子有文數
百篇皆亡之予少時常見彦輔所作思子臺賦
上援秦皇下逮晉惠反復哀切有補於世盖記
其意而亡其辭乃命過作補亡之篇庶幾君子
猶得見斯人胸懷髣髴也
客有自蜀遊梁儴闞而東覽河華之形勝予訪秦漢
之遺宮得巋然之頽基予並湖城之西墉弔漢武之
暴怒予悼戾園之憫凶聞父老之哀歎予猶有歸来
望思之遺恫吁大臺之讒頰予實咀毒而嚙鋒敗趙
國於俛仰予又將覆劉氏之宗間漢武之多忌予謂

左右之皆戕殺陽石而未厭兮又瘞禍於宮中忸君王之好殺兮視人命猶昆蟲死者幾何人兮豈問骨肉與王公惑狂傳之淺謀兮不忍忿忿而殺充上曾不鑒予之無聊兮實有豕心負此名而欲亡兮天下其孰吾容苟逭死於泉鳩兮冀稍久而自理遘大患於倉猝兮懷孤憤於永已念君老而孰圖兮嗟肉食其多鄙獨三老與千秋兮懷愛君之眷眷犯雷霆之方怒兮消積禍於一言既沉冤之無告兮戮譏人其已晚幸曾孫之無恙乎或慰夫九原雖築臺其何救兮固知已矣之不諫魂煢煢乎其歸來兮盖庶幾於

復見也昔秦之亡也禍始於扶蘇眇斯高之羸豕子視其君猶乳虎曾續息之未定予乃敢探其穴而啗其雛在晉四世有君不惠孽婦晨雊疆王定制惟懕懷之遭離予實追蹤於漢戾顧孱后之何知予亦號呼於既逝寓餘哀於江陵予裝故臣之幽契仍築臺以望思予蓋援武以自例嗚呼噫嘻可弔而不可哂予亦各其子也彼茂陵之雄傑予傺九戎而鞭百蠻笑堯禹而陋湯武予蓋將與黃帝俱仙及其失道於幾微予狐鬼生於左臂如嬰兒之未孩予易耳目而不知甘泉咫尺而不通予與弍乾其何異既上配於

嗚呼哀哉莫有以楚靈王之言告者曰人之愛其子
於既往一洗其無辜獨於據也悲歌慷慨泣涕噓唏者
長史之徒皆以無罪而夷滅一言以就誅曾無興哀
之龜策自建元以來張湯主父偃之流與兩丞相三
同名而齊實彼皆庸者固不足告也吾將以為明王
律皆以信讒而殺子雖亟發而敗國吾築臺以嘗哀信
山之朽骨而況於金墉之獨夫乎自今觀之三后一
前人而莫知後之視今方漢武之盛也肯自比於驪
聰明之不可恃也覽觀古初孰哲孰愚皆知指笑乎
秦皇于又下比於晉惠君子是以知狂聖之本同而

也亦如予乎天道好還以德為符惟孟德之鷙忍予亦嗜殺以為娛彼楊公之愛脩予豈減吾之蒼舒恨元化之不可作予然後知鼠輩之果無同舐犢於晚歲予又何怨於老瞿吾將以嗜殺為戒也故於末而并書

延和殿奏新樂賦成德之老来奏新樂

皇帝踐祚之三載也治道旁達王功告成御延和之高拱奏元祐之新𢿘翕然便坐之前初觀擊拊允也德音之作皆效和平自昔鍾律不調工師失職鄭衛之𢿘既盛雅頌之音殆息時有作者僅存遺則於魏

則大樂令夔在漢則河間王德俾後世之有考賴斯人之用力時移事改嗟制作之各殊昔是今非知高下之孰得爰有耆德逮丁盛時以謂樂之作也臣嘗學之顧近世之所用校古人而失宜峴下朴律猶有太高之弊瑗改照尺不知同失於斯是用稽周官之舊法而均其分寸驗太府之見尺而審其毫釐鑄器而成庶幾改數以正度具書以獻孰謂體知而無師時惟帝俞眷兹元老雖退身而安逸未忘心於論討鏗然鍾磬之調遼爕然虡業之華好聊即便安之所奏黃鍾而歌大成行詠文明之章薦英祖而享神考

爾乃停法部之役而衆工莫與肄太常之業而延臣
必陪天聽聰明而下就時風和協以徐田歌曲既登
將歎貫珠之美韶音可合庶觀儀鳳之来斯盖世格
文明俗躋仁壽天地之和既應金石之樂可奏延英
旁矚念故老之不来講武前臨消群慝之交構然則
律制既立治功日新號令皆發而中節磬筦無聞於
奪倫上以導和氣於宫掖下以胥悦豫於臣隣以清
濁任意而相譏何憂工玉謂宫商各諧而自遂無愧
音臣嗚呼趙鐸固中於宫商周尺仍分於清濁道欲
詳解事資學博儻非夔曠之徒孰能正一代之樂

明君可與爲忠言賦　明則知遠能順忠告

臣不難諫君先自明智既審乎情僞言可竭其忠誠虛己以求覽群心於止水昌言而告恃至信於平衡君子道大而不回言出而爲則事父能孝故可以事君謀身必忠而況於謀國然而言之雖易聽之實難論者雖切聞者多惑苟非開懷用善若轉丸之易從則投人以言有按劒之莫測國有大議人方異詞佞者莫能自直昧者有所不知雖有智者孰令聽之皎如日月之照臨罔有遁形之蔽雖復藥石之瞑眩曾何苦口之疑蓋疑言不聽故確論必行大功可成故

衆患自遠上之人聞危言而不忌下之士推赤心而無損豈徽忠之能致有至明而為本是以伊尹醜有夏而歸亳大賢固擇所從百里愚於虞而智秦一身非故相反噫言悦於目前者不見跬步之外論難於耳順者有以百年而興苟其聰明蔽於嗜好智慮溺於愛憎因其所喜而為善雖有顛忠而孰能心苟無邪既坐瞻於百里人思其效將或錫之十朋彼非謂之賢而欲違知其忠而莫受目有昧則視白為黒心有蔽則以薄為厚遂使諛臣乘隙以彙進智士知微而出走仲尼不諫懼將困於婦言㶣孫詭辭畏不免

於虒口故明王審遜志之非道知拂心之謂忠不求耳目之便每要社稷之功有漢宣之賢充國得盡破羌之計有魏明之察許允獲伸選吏之公大哉事君之難非忠何報雖曰伸於知己而無自辱於善道詩不云乎哲人順德之行可以受話言之告

快哉此風賦

時與吳彦律舒堯文鄭彦能各賦兩韻子瞻作第一第五韻占風字為韻餘皆不録

賢者之樂快哉此風雖庶民之不共眷佳客以攸同穆如其來既偃小人之德颯然而至豈獨大王之雄

若夫鷁退宋都之上雲飛泗水之湄寨寨南郊怒號於萬竅颯颯東海鼓舞於四維固以陋晉人一吷之小笑王川兩腋之早野馬相吹摶羽毛於汗漫應龍所處作鱗甲以參差

復改科賦

新天子纘體承乾老相國更張孰先憫科場之積弊復詩賦以求賢探經義之淵源是非紛若考辭章之彀律去取昭然原夫詩之作也始於虞舜之朝賦之興也本自兩京之世迤邐陳齊之代綿邈隋唐之裔故遒人徇路爲察治之本歷代用之爲取士之

制近古不易高風未替祖宗百年而用此號曰得人朝廷一旦而革之不勝其弊謂專門是以造聖域謂變古是以為大儒事吟哦者皆童子為彫篆者非壯夫殊不知採摭英華也蔟之如錦繡較量輕重也等之如錙銖韻韻合璧聯聯貫珠稽諸古其來尚矣考諸舊不亦宜乎特令可畏之後生心潛六義仰見大成之君子名振三都莫不吟詠五字之章鋪陳八韻之旨字應周天之日予運而無積句合一歲之月予終而復始過之者成疣贅之患不及者貽缺折之毀曲盡古人之意乃全天下之美遭逢日月忻歡者諸

子百家抖擻歷圖快活者九經三史議夫賦㫖可已
義何是非彼文辭泛濫也無所統紀此嚴律切當也
有所指歸巧拙由一字之可見美惡混千人而莫違
正方圓者必藉於繩墨定隱括者必在於樞機所以
不用孔門惜楊雄之未達其逢漢帝嘉司馬之知微
噫昔元豐之新經未須臨川之字說不作止戈為武
予曾試於京國通天為王予必舒於禁篇孰不能成
始成終誰不道或詳或略秋闈較藝終期李廣之雙
鵰紫殿唱名果中禰衡之一鶚大凡法既久而必弊
士貽患而益深謂罷於開封則遠方之濫者空自韞

玉取諸太學則不肖之富者私於懷金雖負淩雲之志未酬題柱之心三舍既興賄賂公行於庠序一年為限孤寒半老於山林自是憤愧者莫不顰眉公正者為之切齒思罷者而未免欲改之而未止羽翼成商山之父謳歌歸吾君之子諫必行言必聽焉此道飄飄而復起

東坡續集卷第三